危機の時代

The Age of Crisis

伝説の投資家が語る経済とマネーの未来

Jim Rogers

ジム・ロジャーズ

はじめに

新型コロナウイルスの感染拡大に伴い、世界経済が大混乱し、各国の主要市場で株価が暴落した。企業倒産や失業者の増加に対する懸念が急速に高まっている。

私は2019年から「2008年のリーマン・ショックをはるかに超える危機が迫っている」と警告してきた。それが今、始まろうとしている。強調しておきたいのは、新型コロナウイルスはあくまできっかけに過ぎないことだ。経済危機が来ること自体は、以前から見えていた。日々の報道、例えば経済紙に毎日隅々まで目を通していたならば、その兆しに気づいていた人も多いはずだ。

世界各国の財政状況を見てほしい。インド、トルコ、インドネシアなどの国の苦境が既に、海外の新聞の一面を飾ってきた。米国や欧州でも、経済的な問題がかなり前から起こり始めていた。

米国の経済的繁栄は長年にわたり続いた。確かに、この繁栄がずっと続いてもいいはずだと思う人も多かっただろう。

残念ながら、繁栄には必ず終わりが訪れる。もちろん、日本経済にも同じように終わりは訪れる。それでも国は存在し続けるし、なくなるわけではない。だがそれまでとは状況が変わる。

2008年にリーマン・ショックが起きた時、中国にはマネーが潤沢にあった。外貨準備も十分あった。だから、中国は蓄えておいたお金を使い、ある意味、世界経済を救うための支援をした。しかし今はその中国ですら借金漬けになっている。

「終わりの始まり」が幕を開けたのだ。中国では企業倒産が相次いでいるようだ。インドでは数年前から多くの債務不履行（デフォルト）が起こっている。大きく報じられてはいないが、最近もインドの銀行大手が破綻していた。

各方面で経済政策の行き詰まりのサインが少しずつ表面化していた。これが今後、どんどん加速していく。日本も、2008年に比べて負債総額がはるかに膨れ上がっているわけだから、決して他人事では済まされない。

今回の新型コロナウイルス対策で、経済にとって最悪だったことの一つは、ドナルド・トランプ米大統領が、米国と欧州の間の人の移動を制限したことだ。人が移動できず、直接会えず、働けなくなる。ほかに手がなかったのかもしれないが、それこそが景気減速そのものだ。世界経済にとって最悪で、景気悪化に拍車をかけた。これから企業の経営破綻が、世界で広がっていくだろう。

人生で最悪の危機が来る

今回の危機が、過去とは違うというようなことは決してない。歴史は繰り返すからだ。リーマン・ショック後の12年間、世界中で株価が上昇していた。歴史的にも、10～12年も株価が上がり続けるというのは極めて異例と言える。株価があまりに長期にわたって上がりすぎたら、やがて下がるのは必然だ。

長すぎる株高と同時に、世界中で負債が増えていた。借金が多すぎる時はいつも、社会に深刻な問題が潜んでいる。危機が起きると、市場が弱気になるのは当然の成り行きで、今回も同じことだ。

世界では過剰債務などで、深刻な財政問題を抱える国が目立つ。既にレバノンが同国の歴史において初めて債務不履行を起こした。ほかにも危うい国が多くある。ブラジル、トルコ、南アフリカも危機に瀕している。

危機の本番が迫っている。次がどこになるかは分からないが、このままでは多くの国がデフォルトする可能性がある。世界中の多くの企業、多くの国、多くの自治体が過剰な債務を背負い込んできた。みんな、これからツケを払わなければならない。

過去にも危機が起こるたびに、同じようなことが起きている。「今回は違う」などと言っている人間がいたら、何も分かっていないだけだ。

2020年秋の米大統領選ではトランプが勝つだろうと、新型コロナの問題が起きるまでは考えていた。しかし、今は正直、少し自信がなくなった。トランプが、物事を悪い方へ悪い方へ進めているからだ。

与党が選挙に負けるのは、世界中のどこの国でも経済政策の失敗が原因だ。トランプは経済を悪くしようとしている。本当に米国経済を悪化させれば、トランプは選挙で負けるだろう。

とはいえ私はまだ、トランプが勝つのではないかとどこかで思っている。つまり、トランプ大統領が（選挙まで）ずっと経済を悪くし続けるならば、負けるということだ。

歴史に学ぶと、景気が悪化すれば、しばしば戦争が起こる。貿易戦争になる時もあるが、軍事的な戦争になることもある。私は毎日、世界情勢を注視している。既に、戦争は起こっている。米国はアフガニスタンで長年戦争を続けており、イランとも事実上の戦争状態に入った。神のみぞ知るだが、トランプは新たな戦争を始めるかもしれない。歴史的には、経済の悪化は多くの戦争につながってきた。

現在の状況は、1939年に始まった第二次世界大戦の直前と似ているという指摘もある。私もその通りだと思っている。1930年代、世界中の国々で借金が積み上がり、貿易戦争が勃発。景気も悪化していた。そしてそれらが相まって、軍事的な対立につながっていった。

今回の危機が今後どうなるか分からないが、戦争が起きる可能性は否定できない。1939年と現在の経済環境に数多くの類似点があるのは確かだ。

しかし絶望ばかりしていても仕方がない。日本語の「危機」という漢字は、「危険」と「機会」の両方を意味する。つまりはこの危機はチャンスでもある。誰が恩恵を受けているのか、注視すべきだ。

すでに変化は始まっている。医療、コンピューター、ヘルスケアにさらに注目が集まる。より多くの患者が、医師の診察を受けるために自宅のコンピューターに向かって話しかけるようになるだろう。食事の宅配サービスも、これまで以上に急速に広がっていくはずだ。

すでに起こり始めていた変化が一気に加速する。オンライン教育やリモートワークもますます普及する。こうした分野はより速く、すぐに成長するのでチャンスがある。

一方で、多くの企業が経営破綻するだろう。だがこれは、競合相手にとっては朗報だ。つまり優勝劣敗が進む。こうした局面では、誰が得をするのか、よく考えてみることだ。そして投資を考えるのなら、自分自身が詳しい分野にだけ投資すべきだ。

私は金、銀、米ドルなどを所有している。また、農業関連にも投資している。それから状況次第で、ロシア、中国の株を買いたいと思っている。もしかしたら日本株も買うかもしれない。もちろん世界経済はあまりにも混乱しており、タイミングを見極める必要がある。それでもチャンスを見つければ、私は投資するつもりだ。

本書では、今起きている危機と、その予兆はどのように見えていたのか、歴史を振り返ると、過去の経済危機の際に何が起き、人々の生活にどのような影響を与えたのか、危機が起きた際に個人や企業はどのように行動すればいいのか、世界はどこへ向かうのかについて、私の考えを述べたい。

2020年4月　ジム・ロジャーズ

目次

第2章

過去の危機では何が起きたのか

第 1 章

リーマンを超える危機が到来する必然

世界に満ちていた楽観論

「2008年のリーマン・ショックを超える金融危機が迫っている」。2019年に私がこう言っても信じない人が多かった。米国のニューヨーク証券取引所やナスダックの株価指数は過去最高値を更新しており、世間には楽観的な見方が広がっていたからだ。

2018~2019年にかけて顕在化した米中の貿易戦争や、イランに代表される中東の危機も、対話により、そこまで深刻な問題にならず、うまく収束しそうだと考えている人も多かった。

だが、歴史を振り返ってみてほしい。

2008年秋にリーマン・ショックが起きる前も、世界は楽観的なムードに満ちていた。主要市場の平均株価は、各国の経済成長を上回るペースで上昇を続けていた。

当時、問題だったのは世界各国で巨額の負債が積みあがっていたことだ。政府、金融機関、一般企業、個人を含めたあらゆるセクターで、負債は膨れ上がっていた。

象徴的だったのは、サブプライム住宅ローンの問題だ。住宅価格は上がり続けるという前提に立ち、サブプライム層と呼ばれる信用力が低い人々に、米国の金融機関は積極的な貸し出しを続けてきた。

「ファニー・メイ」と呼ばれる米連邦住宅抵当公庫や、「フレディー・マック」と呼ばれる米連邦住宅金融抵当公庫が代表格だ。彼らはサブプライム住宅ローンの債権を買って証券化し、金融機関にどんどん販売していた。私は政府の関係者と話す際に「こんなおかしな状況がずっと続くわけがない」と何度も警告してきたが、耳を傾ける人は誰もいなかった。

バブルは常にはじける

バブルは永遠に続くわけがない。常にはじけるものだ。2005~2006年にかけて米国の住宅バブルがはじけて住宅価格は下落。担保価値が下がり、ローンを返せなくなる人が続出した。その結果、ファニー・メイとフレディー・マックは苦境に陥った。もちろん問題は連鎖するものだ。両社の債券を大量に購入しているほかの金融機関でも損失が雪だるま式に増えていった。金融機関は借金をして、ファニー・メイやフレディー・マックの債券を購入していた。こうした流れの中で、リーマン・ショックが起きたことを忘れてはならない。

リーマン・ショックが起きる前に、同じような問題が起きていたのはもちろん米国だけではない。欧州やラテンアメリカなど世界各地で同様のバブルが発生し、企業や金融機関は借金を膨らませていた。

つまりリーマン・ショックのような深刻な金融危機が起きる前には、明らかな予兆が見えるものだ。

具体的な〝兆し〟と呼べる出来事はどのようなものがあったのか。

例えば、アイスランド。どこにあるかさえ知らない人が多い国だ。2007〜2008年にかけて、アイスランドは深刻な経済危機に直面した。GDP(国内総生産)の4分の1を占めていた金融・不動産のバブルが崩壊。2007年の秋から株価が底なしの勢いで下落した。通貨の価値も2008年1〜8月にかけて、ユーロに対して実に35%も下落した。

ほぼ同じタイミングで金融危機に陥ったのがアイルランドだ。「ケルトタイガー」と呼ばれ、1990年代半ばから成長を続けてきたが、同じく不動産バブルが弾けたことを引き金に経済が急減速した。2007年4月にピークを付けたアイルランド証券取引所(現ユーロネクスト・ダブリン)の平均株価は、その後、大幅な下落に転じることになった。その結果、多くの金融機関が危機に瀕することになった。

欧州でも辺境に位置する小さな国々で、もちろん米国や日本から見るとはるか遠くの国で起きていることは他人事だっただろう。ほとんどの人が知らないような国で起きたことが、自分たちの経済に影響を及ぼすことは想像することさえ難しい。

企業に目を転じると、2007年、英中堅銀行のノーザン・ロックが経営危機に瀕した。同行は住宅金融を得意としており、2006年に米リーマン・ブラザーズと組んで、サブプライムローンに参入したばかりだった。

しかしサブプライムローン問題などにより資金繰りが悪化。英中央銀行のイングランド銀行に経営支援を求めた。このため信用不安が広がり、顧客は預金の引き出しに走って、取り付け騒ぎが起きた。この結果、2008年2月には英政府がノーザン・ロックを一時国有化することを決める事態となった。

危機の予言者たち

同じころ、米国でも金融危機が顕在化しつつあった。米投資銀行大手だったベア・スターンズ。1923年創業で米国5位の投資銀行だった同社も、サブプライムローン危機の直撃を受けた。

2007年6月、ベア・スターンズ傘下のサブプライムローンに特化した2つのヘッジファンドが、巨額の損失を抱えていることが判明。合計47億ドル（約5000億円）の資本注入を実施することが発表された。

リーマン・ショックは突然起きたと思っている人もいるかもしれない。しかし多くの人が気に留めないような小さな兆しがたくさんあり、その後の深刻な金融危機につながった。それらは危機の予言者のようなものだ。

リーマン・ショックが起きた当時と比較すると、最近の世界経済はどのような状況にあったのか。同じような危機の予兆がいたるところで見られた。

ラトビアでは、銀行の破綻が続いていた。2018年に起きた同国3位のＡＢＬＶ銀行に続き、2019年8月にはＰＮＶバンカも破綻していた。

ドイツにも危機が迫っていた。同国最大の民間銀行であるドイツ銀行が経営危機に直面。拡大戦略が失敗して赤字が続き、2017年に中国海航集団の支援を受けるが、同社の経営も悪化し、ドイツ銀行の再建は迷走する。ドイツ銀行のデリバティブ商品の資産は7500兆円規模に達するとの指摘もあり、経営破綻した場合のインパクトはあまりにも大きい。

アルゼンチン経済も揺れていた。2019年8月にはアルゼンチンが一時的にデフォルト状態と判定されて、通貨ペソや国債の価格が急落した。問題の根っこにはやはり膨れ上がった過剰な借金の問題がある。国だけでなく、アルゼンチン最大の州で首都に隣接するブエノスアイレス州もデフォルトの危機に瀕している。

経済の混乱を背景に、スポーツ用品大手の米ナイキがアルゼンチン市場からの撤退を検討していると報じられたほどだ。アルゼンチンはインフレ率が高く、グローバル企業は現地でのビジネスに苦労している。

深刻なインドの経済危機

インド経済の危機はもっと深刻だ。2019年11月には、同国の中央銀行が、デフォルトを起こした住宅金融会社の破綻処理に踏み切った。インドの銀行では不良債権比率の上昇が続いていたため、以前から中央銀行が検査を厳格化して引当金を積むよう指示していた。不良債権の増加が大変な状況にあることが、鮮明になっている。

20以上ある国営銀行がインフラ関連などを中心に過剰な融資をしてきたことが、問題を大きくしている。だからこそ火消しが必要になっているのだ。中央銀行は金融システムの健全化に取り組んでいるが、銀行の貸し出し姿勢が慎重になっていることを背景に、経済成長に明らかなブレーキがかかっている。

急成長を続けてきたインドの自動車販売も低迷している。全国で多くのディーラーが店舗閉鎖に追い込まれており、個人消費の落ち込みが鮮明になっている。消費者にローンを提供するノンバンク金融会社（ＮＢＦＣ）の破綻も目立つ。中国、日本に次ぐ、アジア3位の経済大国の異変は危機への導火線になる。

経済が好調という印象が強かった米国。２００８年秋にリーマン・ショックが起きてからすでに10年以上が経ち、２０２０年2月まで史上最長の好況が続いてきた。ここまで長期間、強気の市場が続いたことは過去に一度もなかった。

しかしながら、好景気には常に終わりがやってくる。世界中のあらゆる国で、長い間続いた好況も必ず終わりが来る。米国でも再び借金が膨れ上がっており、危険な兆しが現れていた。

とりわけ問題なのが低金利だ。トランプ大統領が米国の中央銀行に圧力をかけていることを背景に、低金利が続いている。この結果、金利が相対的に高い債券にマネーが向かい、債券バブルと言える状況が起きていた。

銀行に預けていても利子が付きにくいために、投資家が債券だけでなく、株式に投資する傾向にも拍車がかかっていた。低金利により、株と債券の価格上昇が続くのは良いことではない。米国の金融市場は世界経済に果たしている役割が大きいので、ひとたび

新型コロナウイルスの感染拡大を受けて国家非常事態を宣言した米トランプ大統領

危機が起きるとショックはグローバルに広がる。

世界を救った中国も借金漬けに

アジアでとりわけ注目すべきなのは、中国だ。リーマン・ショックが起きた2008年の時点で、中国は負債をほとんど抱えていなかった。嵐が来ることに備えて、たくさんのお金を蓄えている状況にあった。実際に（不景気という）〝雨〟が降り始めると、中国は貯めていた金を使い始め、世界経済を助けた。

しかし、そんな中国も今では多くの債務を抱えている。今回は、リーマン・ショックの時と違って、中国経済が危機に陥るというシナリオも考えられる。それが現実になると多くの人に衝撃を与えるだろう。中国で大きな企業破綻が起こると、それは間違いなく、新聞のトップページを飾ることになるはずだ。

欧米や日本に住む人の多くは、中国やインドの企業について詳しいことを知らない。例えば、インドの住宅金融会社が失敗したことを知っている人は限られている。しかし、氷山の一角と言えるような状況から全体像が次第に見えてきて、最終的には、非常に大きく、重大な問題が起きることがある。

インドの金融システムにはたくさんの問題があるが、世界の多くの人が注意を払っているわけではない。インド国内では大半の人が自国の金融システムに問題があることを知っているが、ロンドンやニューヨーク、東京では、ほとんどの人が関心を持っていない。すでにインド経済に多くの問題があるという明らかな兆候があり、それがはじけると大変なことになる。

インドには、赤字続きで本来なら倒産すべきなのに生き残っている〝ゾンビ企業〟が多数存在する。インド企業全体の3割に上るとされているほどだ。インド政府は銀行の不良債権処理を急いでいたが、かつての日本のようにゾンビ企業を保護しており、対応が甘かったと言わざるを得ない。日本でも同様のことが起きたことがあるが、それはクレイジーだ。倒産すべき企業が生き残ると経済には悪影響を与える。

中国も同様の問題を抱えるが、救うべきでない企業は破綻処理すると言っている。中国は共産主義だが、良い資本家の国と言えるだろう。もちろん彼らは大規模な不良債権処理の経験が豊富とはいえない。

「政府は私たちを救わなければならない。私たちを救わなければ、中国経済を救うことができない」とゾンビ企業の経営者は言うだろう。それでも政府は厳しい態度で臨む必要がある。「ゾンビ企業を支援せずに破綻処理する」と口で言うのは簡単だ。実行が伴わなければならない。

日本は1990年代前半のバブル崩壊後に、不良債権処理で同じような経験をした。米国では常に同様の問題があり、処理に取り組んできた。中国は「もしゾンビ企業が困っても、私たちは救いません」と言っているが、もちろんそれが本当かどうかは分からない。共産主義の中国は、資本主義のシステムを長年運営してきた経験がないので、何をすべきかを本当に理解しているかどうか疑問がある。

米国が抱える巨額の借金

米国には財政が破綻したり、破綻寸前になったりしている地方自治体が目立つ。米自動車大手のゼネラル・モーターズやフォード・モーターのおひざ元であるデトロイトは、

2013年に破綻した。最近では「アメリカのベネズエラ」とも呼ばれるイリノイ州も財政が破綻寸前の状況にある。大都市のシカゴがあり、約1300万人の人口を抱える大きな州だが、地方債の残高が膨れ上がっている。年金の積み立て不足が深刻で、同様の問題に直面する米国の自治体は少なくない。

イリノイ州は大麻やスポーツ賭博を合法化したり、名画を売却したり、あの手この手で財政再建に取り組むが、焼け石に水だ。ある大きな州が破綻すれば、その州内にある自治体も破綻するなど、ドミノ効果が起きるリスクがある。

米国は世界史上最大の債務国であり、借金の水準はますます高くなっている。トランプ大統領は、問題を解決すると言っているが、実際には悪化させる一方だ。トランプは歴史上のどの大統領よりも借金を増やしている。

しかし、彼は毎日のように、私は今までの大統領の中で最も賢く、問題を解決しようとしていると言っている。しかしその最も賢い人物によって借金はますます増える一方で、カオスのような状態になっていると言えるだろう。危機の中で、膨れあがる一方の巨額の借金を返済できる国や州、都市、企業はほとんどない。

財政再建はよく話題になるが、緊縮財政を実行に移すケースは少ない。誰もがもっと多くのお金を借りて、もっとたくさんお金を使おうとしている。だから状況はますます悪くなるだろう。私の人生の中で、もっとも悪い状況になるはずだ。

身近で起きる危機の予兆

危機が起きる前に身近なところでは、どのような変化が起きるのか。例えば、これまで予約が取れなかったような高級レストランが、急に予約できるようになる。東京で最高のレストランに行きたいと電話をかけたら、「ぜひいらしてください。何時においでになりますか?」と聞かれるようなものだ。

以前だったら「2か月後ならご予約できます」と言われたはずなのに、「今すぐでも大丈夫」と言われるなら、何かおかしなことが起きていると考えるのが自然だろう。

ホテルも同じだ。いつも満室だった人気のお洒落なホテルを予約しようとすると、「お好きなお部屋をご用意できます」と言われたりする。タクシー運転手と会話していて、景気が悪いとこぼす人が増えていたら、それも危機の兆しだ。

女性なら、美容院に行ったときに人気スタイリストが不満を言うようになっていたら、彼女には以前ほど多くの顧客がいないと推測できる。世間の空気を知っている人と話すと、自分には見えていなかった現実が見えてくるはずだ。

リーマン・ショック前のサブプライムローン問題も非常に興味深いものだった。2006〜2007年にかけて、サブプライムローンの問題が短期間で重大な危機に発展する可能性があると警告する声があった。多くの人は、その指摘を深刻に受け止めていなかったが、実際には危機はその後まもなく現実になった。

古代ギリシャ神話のトロイの王女で「悲劇の予言者」と知られるカサンドラは、トロイに迫る悲劇的な運命を見通すことができたと伝えられている。

だが、彼女が「私の予言は当たる。本当なので信じてほしい」と言っても、誰も相手にしなかった。「木馬は敵の策略だ。決してトロイの城内に引き入れるべきではない」とも主張したが、誰も耳を傾けなかった。

人々はカサンドラを笑った。より多くの人々が笑うことほど、実は正しいことがよくある。みんなが「この人はおかしい」と言って笑う。それは歴史上、常に起こってきたことだ。世界のすべての国は、繰り返される経済問題を抱えている。歴史的にみて、経済的な問題を抱えたことがない都市、国家、社会はない。

加速する無制限な金融緩和

FRBをベン・バーナンキ議長が率いていた時代にリーマン・ショックが起きた

米国の中央銀行であるFRB（米連邦準備制度理事会）はこう主張してきた。「心配しないでいい。私たちは問題を解決している」と。FRBの前議長だったジャネット・イエレンは、「問題を解決した」と言っていた。「再びリーマン・ショックのような経済危機を心配する必要はない」と。イエレンはイエール大学で博士号を取得している。

アイビーリーグの博士号を持つ人を信じるなら、経済危機は起きないはずだが、本当にそうだろうか。その前のFRB議長だったベン・バーナンキはハーバード大学で経済学を学んだ。しかし在任中の2008年にリーマン・

ショックが起きた。金融危機を招いたのは、バーナンキが不動産などのバブルを放置したからだと批判された。

金融危機を受けて、バーナンキは、ゼロ金利政策などの緩和策を実行に移した。無制限な量的緩和を実施することで危機を切り抜けようとした。

10年以上前にＦＲＢが始めた、お金をひたすら印刷するような政策は何を生んだのか。彼らは他に何をすべきかを知らなかった。彼ら自身が「これは実験だ。うまくいくかどうかは分からない」と言っていたほどだった。うまくいかないことは分かり切っていたはずだ。無制限な金融緩和は、短期的な場合を除いて機能しない。それはいずれ、私たち全員にとって大きな問題になる。

世界の多くの国で、金利が限りなくゼロに近い状態になり、日本ではマイナス金利にさえなった。米国でも金利が非常に低い水準にある。金利が通常のレベルになると、多くの人にとって大変なことが起きるはずだ。それでもＦＲＢは「低金利は問題ない。ニューノーマルだ。心配しないでいい。大丈夫だ」といった風に主張してきた。

だが、歴史はこうした状態が普通ではないことを証明している。これまでにないことが起きているのだ。

歴史上、世界でマイナスの金利はなかった。米国でもどこでもこれほど金利が低い時代はなかった。だから数千年後の世界が変わるように、何かが変わったら、私は完全に間違っており、ＦＲＢは正しいことになる。

しかし金利は最終的には通常の水準に戻ると私は確信している。すでに巨額の負債が存在する。そして、借金が増えれば増えるほど、金利に対する圧力は大きくなる。今、中央銀行は大量のお金を印刷している。日本銀行も毎日せっせとお金を印刷している。

債券やETFを買いまくる中央銀行

日本銀行は、債券や上場投資信託（ＥＴＦ）を積極的に購入している。それは証券会社にとっては素晴らしいことだ。株式や債券の投資家にとっても最高だろう。だが、それは日本にとって本当にいいことなのか？　そんなわけがない。間違いなく日本にとって災害だ。

中央銀行がＥＴＦや債券を購入してくれるので、証券会社は安倍晋三首相と日本銀行を愛している。しかし、中央銀行がお金を刷って、債券やＥＴＦを買い続けると何が起きるのか。どんどん発行される債券は、だれかが買わない限り、金利は通常高くなる。そうならないのは、中央銀行が債券やＥＴＦをひたすら購入し続けるという異常な行動

米国に加え、中国などの新興国でも債務が膨れ上がっている

●世界の負債額

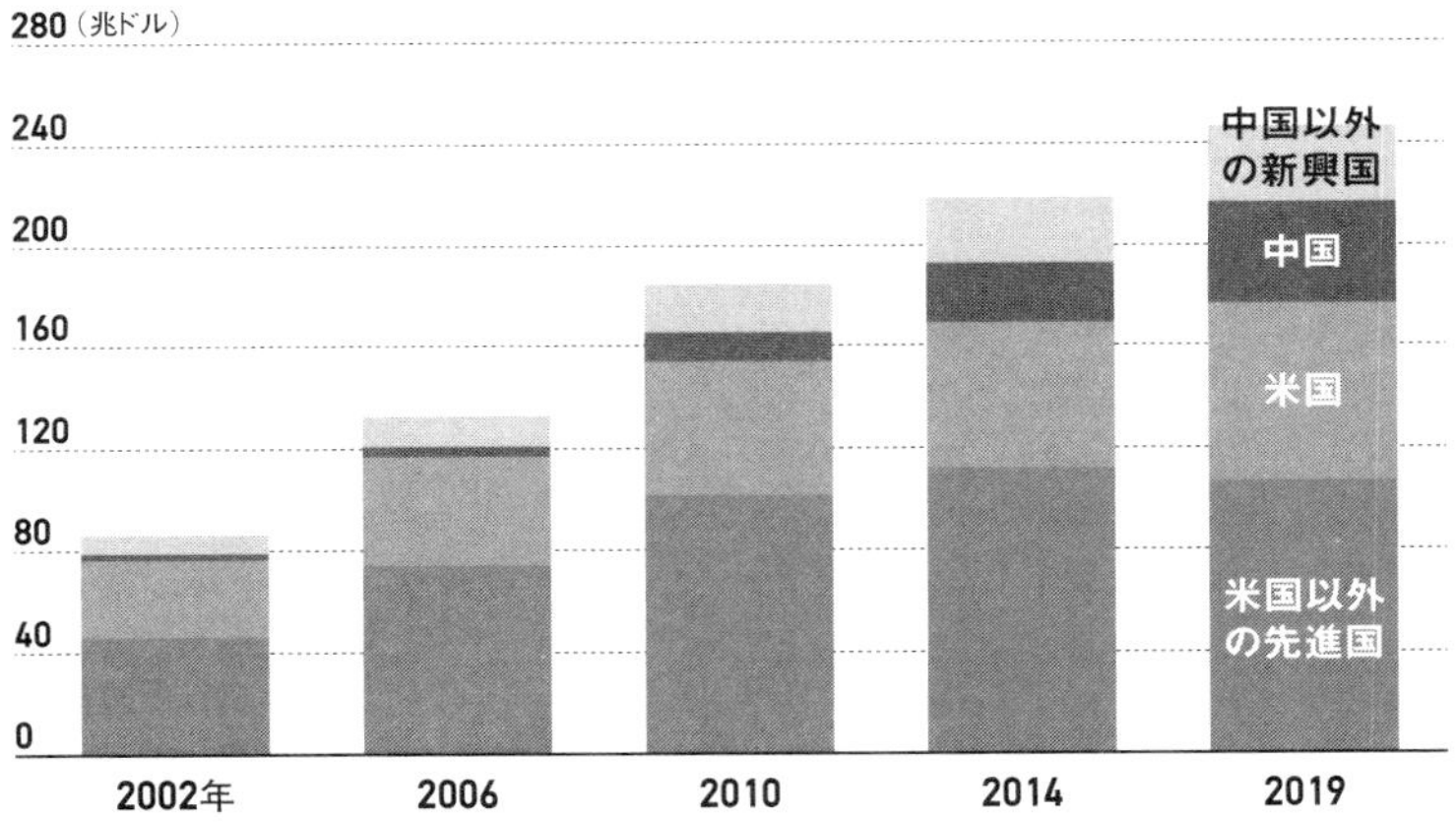

出所：IIF（国際金融協会）、各年第1四半期の政府、企業、家計などの負担額の合計

を取っているからだ。

日本だけでなく、米国やEUなど世界中で同様の動きが加速している。無制限な金融緩和がはびこっている。ある英国人はこう言った。「世界中どこでも、全ての中央銀行がこれをやっている」と。

2008年、米中央銀行のFRBのバランスシートは9000億ドル（約100兆円）だった。しかし今では5兆ドル（約550兆円）にまで膨れあがっている。実に5倍以上に拡大している。

それはいつかストップしなければならない。紙の原料になる木が枯渇する日が来ないとは言い切れないと

思うほどだ。中央銀行がこのままの勢いで紙幣の印刷を続けると、いずれ木はなくなってしまうだろう。

どんどん大きくなる借金のスノーボール

借金のスノーボール（雪玉）がどんどん大きくなっている。だからこそ今回の危機の影響は、リーマン・ショックよりも大きくなる。借金がどこでも非常に多くなっていると、危機が起きた際のショックはより大きくなる。

ドイツのような国でも不吉な兆しが見えていることを私は懸念している。私が子供の頃、ドイツほど経済が健全な国はなかった。当時、日本とドイツの通貨は非常に強く、財政も健全だった。しかし今では、ドイツでさえも問題が起きている。

インドの金融システムに問題があることはすでに述べた通りで、GDPの規模を考えても、負債の比率はあまりに高い。中国にも多額の借金があり、韓国に世界を救うほどの経済力はなく、ベトナムの経済が相対的に良くても世界を救うことができないのは明らかだ。

経済危機が起きているジンバブエは恐ろしい状況にある。食糧不足は深刻で、国連世界食糧計画（WFP）によれば、国民の3分の1が飢餓に直面しつつある。アフリカにおいてジンバブエは豊かな農業国だったが、干ばつの影響もあり、最悪の状況だ。

ベネズエラ経済も深刻な危機に瀕している。天文学的なインフレ、5年連続での経済のマイナス成長、人口の10％以上が国を逃げ出すという大惨事に見舞われている。経済制裁が続き、最大の産物といえる石油を米国に輸出できなくなった。

世界にはベネズエラのように、すでに大惨事が起きている国がいくつもある。だが、こうした危機の時こそ、投資のチャンスがあることも忘れてはならない。

貿易戦争に勝った国はない

さらに米中などの貿易戦争も世界経済に暗い影を投げかけている。一時的に緊張は緩和されているように見えるが、今後、再燃する火種があると私は考えている。

歴史を振り返ると、貿易戦争に勝った国はない。貿易戦争は常にすべての人々に災害をもたらしてきた。トランプ大統領は貿易戦争が好きだ。貿易戦争は良いことだといつも国民に話している。

トランプ大統領は自分がとても賢いので、貿易戦争に勝つことができると考えている。

貿易戦争で緊張感が高まる米国と中国

彼は歴史を知らないか、知っているならば、自分は歴史を超越するほど賢いと思っているのだろう。だからこそトランプ大統領とその取り巻きは貿易戦争をする決心をしている。

トランプ大統領は、貿易戦争をちらつかせながら、日本を含む他の国々と駆け引きを続けている。中国については、貿易戦争を緩和させるような良いニュースが出たりして、誰もが状況が良くなると考える時期もあるだろう。しかしそれは現実ではない。

なぜなら、2020年に米国経済が実際に危機に直面しても、トランプ大統領は「これは私のせいだ。私は間違いを犯した」とは決して言わない。むしろ、中国、日本、韓国、メキシコ、ドイツなどを非難するだろう。トランプ大統領は自分ではなく、外国人を責める。そして、彼はより厳しい貿易戦争を外国にしかける。それが、今回の危機が私の人生で最悪の事態になると考えている理由の1つだ。

私が住んでいるシンガポールでは2019年の時点で経済減速が始まっていた。米中貿易戦争や関税引き上げなどの影響で、シンガポール経済は減速し始めていた。貿易が経済の大部分を占めている韓国にも大きな影響があり、同時点ですでに景気が悪化していた。

韓国は日本との対立もあったが、それ以外にも以前から多くの問題を抱えていた。貿易戦争は多くの国の経済を減速させており、そこにインドの金融システムに象徴されるような問題が追い打ちをかけて、状況をより悪くしている。

経済対立が戦争になる可能性

経済対立はしばしば実弾を撃ち合う本物の戦争に発展する。トランプ大統領は戦争が好きだ。彼は世界を戦争に巻き込む可能性がある。トランプ大統領は、ニューヨーク・

ミリタリー・アカデミー出身だ。彼は軍事学校に通ったので、自分が将軍たちよりも優れていると思っている。

だから、彼は危険な人物と言えるだろう。政治家は戦争をすることで国民の注意をそらすことができる。戦争が起こったときに、外国人を非難するのはとても簡単だ。異なる肌、異なる言語、異なる宗教で、食べ物も異なっており、すべての問題について外国人はターゲットにしやすい。

歴史を通じて多くの政治家は外国人を非難しており、それはしばしば戦争につながった。振り返ってみると、ほとんどの戦争は「どうしてあんなにバカげた戦争になったのか」と後に言われることになるが、実際に起きてしまう。

日本が1941年に米国を攻撃したとき、日本政府は国民に対して何を語ったのか。「米国が石油や鉄くずの日本に対する輸出を禁止したからだ」といった説明をした。米国が航空機用の燃料を禁輸したり、日本の在米資産を凍結したりするなどの措置もあった。米国は明らかに日本を挑発していた。そこで日本の政府は「開戦せざるをえなくなったのは米国のせいだ」と非難した。

日本はさまざまな資源や原材料を米国からの輸入に頼っていた。言い換えれば、日本が米国を攻撃して勝利した場合、相手に言うことを聞かせて、再びこれらを輸入することができた。つまり資源へのアクセスを得るために、戦争をしなければならないという理屈だ。政府は常にウソをつくもので、安易に信じてはならない。

1945年、米国は広島と長崎に原子爆弾を投下した。本当はそうする必要はなかった。日本はすでに平和を手に入れる方法、つまり降伏を模索していたが、米国は気にしなかった。日本はソ連による占領を心配していたので、降伏する準備はできていた。それでも米国には原爆投下を望んでいた将軍がいた。だから米国はB29爆撃機を日本に飛ばして、原爆を投下した。「日本を倒すために原爆を投下しなければならない」という主張は、ウソだったと言えるだろう。

だから日本政府は、米国が制裁を課したから戦争を始めなければならなかったと国民に教え、日本人は米国による制裁を終わらせるために戦争に行かなければならなかった。

戦争の最初の犠牲者は真実

ここから得られる教訓は、1つの情報源だけに耳を傾けてはいけないということだ。外国人を非難するという安易な手段に頼る政府が愚かな戦争を引き起こすことを、歴史は証明している。

米国が2003年にイラク戦争を始めた際には何が口実だったのか。米国はイラクのサダム・フセイン大統領（当時）が「大量破壊兵器を持っている」と主張した。しかし実際には大量破壊兵器が存在しなかったことが後で明らかになった。米国ではその事実がきちんと報道されず、「メディアは検閲を受けている」と言われたほどだ。

そのような状態は良くない。どの国も開かれたジャーナリズムと言論の自由を持つべきだ。しかし戦争の時代を象徴する有名な格言がある。「戦争の最初の犠牲者は真実である」というものだ。

この言葉は、古代ギリシャの三大悲劇詩人の一人で、ペルシャ戦争に参加したアイスキュロスが語ったとされる。米国が第一次世界大戦に参戦した際に、上院議員のハイラム・ジョンソンは、この言葉を語った。ジョンソンは自分が最初に語った言葉だと主張したようだが、たぶんそれは真実ではない。

世界のすべての人は広島を訪れるべき

経済が低迷し、恐慌のような状態になると、社会が不安定になって戦争が起きる可能性が高まる。それは歴史の教訓だ。いったん戦争が始まると人々はそれを愛する。誰もが非常に興奮して、愛国心が高まり、自国の軍隊を応援する。彼らは常に前線の若者たちを支持しており、政治家たちは「この戦争は素晴らしい」と言う。

戦争が始まるとみんな頭に血が上る。プロパガンダは、邪悪なロシア人、邪悪な日本人、邪悪な米国人について、熱心に語る。そして彼らがどれほど恐ろしくて、自分たちにとって脅威であるかを喧伝する。

そして私たちは敵よりも優れており、強いと強調する。そしてわが軍は敵を粉砕すると人々は語り合う。ひとたび戦争が始まると人々は陶酔感に酔いしれる。

しかし戦争は恐ろしいものだ。私は、人々が戦争は非常に恐ろしいことであると知り、それがエキサイティングなものだと思わないよう願っている。

多くの人は歴史に学んでおらず、戦争がどれほど悪いことなのか知らない。だからこそ世界のすべての政治家は広島や長崎を訪れて、戦争がどれほど恐ろしいかを学ばなければならない。

私は広島を訪れ、平和記念資料館を見学した。それは、信じられないほどの狂気の世界で、とても正気ではいられないと思った。すべてが私にとって衝撃的だった。

広島は悪夢だった。そもそも、それは決して起こらないはずだった。米国は原爆を投下する必要はなかったからだ。信じられないことが起きた。人々は焼かれ、破壊された。

広島の人々はただ普通に暮らしていたが、突然頭の上に原爆が投下され、建物は破壊され、人間が焼き尽くされた。

私は政治家だけでなく、世界中の誰もが広島に行って、その日、どのような狂気が現実になったのかを知ることを心から望む。それが何であり、何が起きたのかを知ってほしい。

広島の地獄を見たら、人々は「さあ戦争を始めよう」と言う前に、それを止めようと考え、思いとどまることだろう。

2019年、教皇フランシスコは広島と長崎を訪れ、核兵器を禁止すべきだと世界に訴えた。誰もが教皇と同じように、被爆地で何が起きたかを知って、その悲惨さを家族や友人に伝えるべきだ。

多くの人々は戦争を好む

戦争が終わると、悲惨だったと言う人は多い。しかし、誰もがそれが始まった時点では、戦争を愛する。自分の国が勝っているなら、誰もが戦争を愛するようになる。

実際には、たとえ自分の国が勝ったとしても、戦争は間違っている。本当は誰も戦争に勝っていない。それは誰かの命を破壊し、資本を破壊し、人々の生活をめちゃくちゃにする。

人間は何世紀にもわたって戦争を止めようとしたが、不可能だった。むしろ多くの人は戦争を好むことを歴史は証明している。人間は戦争が大好きだ。

戦争を止める方法を見つけられたらいいのだが、私には分からない。戦争が始まると、誰もが熱狂する。プロパガンダとマスコミ、そして政治家はみな、戦争を称賛し、正当化する。私たちが正しく、相手は間違っていると、これでもかと宣伝する。

歴史を振り返ると、戦争が始まると、政治家もマスコミもいつも同じようなことを言うものだ。すでに述べたように、「戦争の最初の犠牲者は真実だ」という指摘は正しい。自分の国が戦争を始め、誰もが戦争に行くようになると、国もマスコミも国民に対して多くのウソをつくようになる。

非常に多くのウソがあっても、誰もがそれらを信じるようになる。愛国心で盛り上がっているので、冷静に考えるとおかしなことでも、誰も疑問を持たなくなる。それは非常に危険だ。

経済的な問題がなかった時代はない

米国は歴史上、最も長い経済的な繁栄を最近まで享受してきた。それは100年続くかもしれないと多くの人が考えていたと思えるほどだ。トランプ大統領は「米国経済は大丈夫だ」と言ってきたが、私は間違っていると思っていた。歴史上、世界に経済的な問題がない時代は存在しなかった。

すでに世界中でさまざまな問題が発生している。中国やインドだけでなく、米国や日本を含めてあらゆる場所に火種があったので、危機は避けられなかった。借金が膨大なせいで、今回の危機は非常に悪くなるはずだ。

トランプが貿易戦争を起こしていたので、状況はさらに悪化し、1930年代のようにはるかに落ち込んでいくだろう。世界中の政治家が多額の借金を重ねるという過ちを犯していたため、通常の不況で済む可能性もあったはずなのに大きな災害に変わってしまった。

次の章からは、過去の経済危機でどのようなことが起きたのかを振り返りたい。

第2章

過去の危機では何が起きたのか

いかなる賢者も危機を止められない

経済危機は世界中で繰り返し起きている。誰もが危機を食い止めようとするが、どんな賢者でもそれはできない。

世界恐慌は1929年の米ウォール街における株価暴落で幕を開けた。1920年代の米国は非常に繁栄していた。経済バブルが起き、米国の輸入は増え続けていた。

当時の状況は1980年代後半から1990年代初頭にバブル景気を謳歌した日本にも重なる。バブル崩壊後、日本政府は多額の債務を抱えた問題がある企業を破綻処理することを恐れた。だからこそ日本は、経済の「失われた10年」だけでなく、何十年もの時間を失ったのだ。

そんなに長い時間がかかる必然性はなかった。企業が倒産すれば、賢い人々がやって来て、不良資産を引き継ぎ、それを再編成し、会社を健全な状態にして再建する。しかし日本はそうしなかった。むしろ資産を賢い人々に与えず、無能な人々に与えた。その結果が日本経済の長期的な低迷につながり、失われた30年とまで言われる不振にあえぐことになった。

米国でも1920年代前半には、バブル期の日本と非常によく似た問題があった。そして巨大な崩壊がやってきた。米当局は金利を引き上げ、予算のバランスを取ったので、数年はひどい状態が続いた。当時の米国も、深刻な問題を抱えていた。解決策は、金利の引き上げと予算のバランスを取ることだった。

もちろん危機のさなかに、金利を引き上げ、予算のバランスを取ろうとすると誰もがショックを受けるだろう。しかし、第一次世界大戦後に米国はそれを実行し、その後、米国経済はいったん回復した。

1990年代の初頭には、日本だけでなく、ノルウェー、スウェーデン、フィンランドなどのスカンジナビア諸国でもバブル経済が崩壊し、多くの銀行が不良債権問題を抱えていた。

それでもスカンジナビア諸国は、破綻した銀行を国有化し、不良債権を分離させるなどして再建に取り組み、なるべく早く再民営化させようとした。破綻させることをタブー視しなかったことが、経済の短期間での復活につながった。日本が何十年も時を失ったのとは対照的だ。

歴史は、経営失敗の責任を取らせずに企業を支えることが最善の方法ではないことを示している。取るべき対応が遅れたのが、日本経済が長年停滞した理由の1つだった。それは正しい方法ではない。

1929年の世界恐慌の教訓

1929年に起きた世界恐慌を振り返ってみよう。同年10月24日、米国では株価が大暴落した。投資家はパニックに陥り、株式ブローカーの中には自殺者が何人も出た。

1920年代は、不動産価格も株価も上昇を続け、好況を背景に自動車などの普及も進み、「永遠の繁栄」と呼ばれた時代だったが、突如、暗雲が立ち込めた。

景気低迷が長期化すると、矛先が向かうのは外国だ。当時のフーヴァー大統領は、国内産業の保護を優先する政策を取った。その流れの中で、議会が提案したのが「スムート・ホーリー関税法」と呼ばれる法律だった。

海外から入ってくる農産物などに高額な関税を課すことで、国内産業を保護しようというものだ。農産物の価格が上がると、米国の農民は喜ぶが、消費者が苦しむことになるのは当然だ。

「これはひどい政策だ」。こう憤った約1000人の米国人エコノミストが新聞広告を出したほどだった。米国にとって良いことでないと糾弾したが、米国は貿易戦争の口火を切った。議会はこの法律を可決し、大統領は署名した。

そして貿易戦争が始まった。米国に対抗して、英国もフランスも関税を引き上げた。

世界恐慌後の1930年代の米ニューヨークのウォール街

さらに各国が「ブロック経済」と呼ばれる、それぞれの海外植民地を中心とする経済圏を構築。それぞれの通貨を冠した「スターリングブロック（英ポンド圏）」「フランブロック（仏フラン圏）」と呼ばれる経済圏が生まれた。

ブロック経済化が進むと貿易は減少し、経済が縮小するのは当然だ。国際的な分業体制は崩壊し、世界経済に深刻な悪影響を及ぼした。以前は世界で資本が循環していた。第一次世界大戦に負けたドイツは英国に賠償金を支払うことになっていた。英国はその賠償金で、戦争中に米国から借りたお金を返済する必要があった。

しかし経済が悪化する中、第一次世界大戦後に海外植民地を失い、英米仏のブロック経済からはじきだされたドイツは不況が深刻化し、賠償金の支払いが難しくなる。ドイツは英国に賠償金を支払えなくなり、英国は米国からの借金返済が難しくなった。

瞬く間に世界中に広がった危機

株価暴落に貿易戦争が追い打ちをかけ、危機はあっという間に世界に広がった。1931年になるとボリビアが債務不履行となり、ほかの南米の国々も相次いで破綻した。そして同年5月には、オーストリアの大手銀行、クレジット・アンシュタルトが実質的に破綻する。

ウィーンは、第一次世界大戦前は欧州の巨大な金融センターだった。戦争に負けてその地位は低下したが、戦後もウィーンは、中央ヨーロッパの主要な金融センターの一つであり続けていた。

しかし世界的な恐慌のあおりを受けて、同国最大の銀行だったクレジット・アンシュタルトは突然営業を停止した。中・東欧の経済を支えていた金融機関だったので、当時の欧州におけるリーマン・ブラザーズの崩壊のようなものだ。オーストリア政府と同国の中央銀行は、同行の救済に乗り出したが、金融危機は瞬く間に欧州に伝播した。

同じ1931年5月にドイツの大手銀行も破綻し、同年8月までにドイツの全ての銀行が閉鎖される。そして同年9月に英国の中央銀行であるイングランド銀行が金本位制を停止。自国産業を保護するために、関税を引き上げ、ブロック経済化を加速させた。

こうした流れの中で何が起きたのか。米国の株式市場は、実に「90%」も下落した。政府米国政府はもちろんありとあらゆる手を使って、株式相場を回復させようとした。政府がたくさんお金を使い始めたことで株価はいったん上昇したが、1937年には市場が再びクラッシュし、50%下落した。おそらくさまざまな株価てこ入れ策が人工的なものだったからだ。

世界的に経済が混乱し、失業者があふれ返る中で台頭したのが、民族主義を掲げる政党だった。ドイツではナチスが台頭。その後、第二次世界大戦の火ぶたが切られた。

経済危機で大儲けした人々

しかしながら大恐慌で稼いだ人がいなかったわけではない。世界には危機の中でお金を稼ぐ人が常にいる。例えば、米国にはアレン兄弟という有名な投資家がいた。最年長だったのは、チャーリー・アレンで、アレン&カンパニーという投資会社を率いていた。彼らは大恐慌で株式市場が完全に崩壊するのを見て、企業の優先株を買い始めた。多くの企業の株は紙くず同然になっており、よりどりみどりの状態だった。その後、生き残った企業の株価は回復。そしてアレン&カンパニーは、最も成功したアメリカの金融会社の1つになった。彼らは本当に賢く、天才的な投資家だったからだ。あらゆる投資家がチャーリー・アレンを知っていたと言えるほど、有名人だった。

ロイ・ニューバーガーという男もいた。2010年に亡くなるまで、100歳を過ぎても株式投資を続けていた伝説のトレーダーだ。彼は1929年に投資の世界に足を踏み入れるまでは、ニューヨークのブルックリンで靴のセールスマンをしていた。

当時は世界恐慌の直前で、株高が続いており、誰もがウォール街で働きたがっていた。そこで彼は友人が多かったウォール街に足を踏み入れた。多くの人が大金を稼いでいたが、1929年に大暴落が起きた。

ニューバーガーもほぼすべてを失ったが、まだ市場がどん底にあった1931年の時点でもウォール街で働いていた。そこで、彼は安値で放置されているが、潜在的な価値が高いバリュー株に投資する手法を編み出した。その後、現在まで続いている投資会社のニューバーガー・バーマンを設立している。ニューバーガーは107歳まで生きた。

元気だったころのニューバーガーと会った際に、彼はこう話していた。「投資とは、靴ビジネスのようなものだ。私は靴を買い、靴を売る。あなたも靴を買い、それらを売る」と。靴も株も、安い時に買い、高い時に売れば、儲けはついてくるものだ。

ニューバーガーは私が今まで見た中で最も優れたトレーダーの一人だった。ニューバーガーは、恐慌が起きた頃に世界最大のラジオメーカーだったＲＣＡの株で大儲けした。ニューバーガー・バーマンはウォール街を代表する偉大な企業の1つになった。

ジョン・テンプルトンも忘れてはならない。1912年にテネシー州で生まれ、奨学金でイエール大学に行った。さらに奨学金をもらって、英オックスフォード大学で法律も学んだ。

みんなが売るタイミングで買い、みんなが買うタイミングで売る――。そんな「逆張り」の投資手法がテンプルトンの持ち味だった。彼は数多くの格言を残している。「他人と同じことをすると、他人と同じ結果しか得られない」「『今回こそは違う』という言葉は、最もコストが高い過ちだ」「最も悲観的なときが買い時であり、最も楽観的なときが売り時だ」……。こうしたテンプルトンの言葉は時代を超えて、投資家たちに語り継がれてきた。

テンプルトンは、1930年代に、ニューヨーク証券取引所で、1株1ドル以下だった104社の上場企業の株式をそれぞれ100株購入した。そのうち30社以上が破綻したが、残りの約70社の株価は大幅に上昇。1942年に売却したところ莫大な利益が出た。テンプルトンは非常に金持ちになり、彼の会社は米国で最も有名な投資会社の1つになった。

多くの成功した投資家は、危機のさなかにチャンスを見つけている。ほかの人と同じことを考えず、自らの考えに沿って投資することで道を切り開き、成功を手にした。

危機の最大の犠牲者はミドルクラス

世界的な経済危機が起きると、一番大きな被害を受けるのはミドルクラス（中流階級）の人々だ。仕事を失い、お金を失い、子供たちの教育の機会を奪われた人々はいつも怒り狂う。それは歴史を通じて、何度も繰り返されてきた。

大恐慌よりも昔の1894年にも、米国は深刻な不況に見舞われていた。オハイオ州の実業家、ジェイコブ・コクシーは、経済危機に手をこまねいていた政府に抗議しようとした。

彼は大規模な公共事業による雇用創出を連邦政府に求めようと考えた。コクシーは人々に呼び掛けて、首都であるワシントンDCまで行進した。当時、米国の失業率は高く、労働人口の実に2割が仕事を失った状態だった。倒産した企業は1万を超え、銀行や、鉄道会社までも破綻していた。失業者たちは全米各地で立ち上がり、政府に抗議するために首都を目指して行進した。コクシーが率いていた「コクシーズ・アーミー」と呼ばれるグループは、ついにワシントンDCに到着した。

しかし、コクシーたちを待ち受けた運命は残酷だった。彼らは暴徒とみなされ、警官隊に取り囲まれて、殴打され、逮捕された。コクシーは演説でこう語っていた。「金持ちはどんどん豊かになり、貧乏人はどんどん貧しくなる。このままでは中産階級は消滅するだろう」

1929年の大恐慌後の1932年にも同じようなことが起きた。ペンシルベニア州ピッツバーグの神父、ジェームズ・コックスが2万5000人の失業者を集めて、ワシントンDCまでデモ行進したのだ。

「コックスズ・アーミー」と呼ばれたコックスのグループの行動はある程度成功を収めた。共感する人が次々に現れ、寄付をしたり、ガソリンを無料で提供したりした。国会議員の中にも支持者が現れた。

彼の行動は米国の議会を動かし、政府は公共事業のプログラムを開始し、相続税を70%にまで引き上げる方針を打ち出した。後にコックスは失業党を立ち上げ、一時は大統領候補として名乗りを上げたことでも知られる。

21世紀にも似たようなことが起きた。リーマン・ショック後に「ウォール街を占拠せよ」という大規模なデモがニューヨークで発生した。政府による金融機関救済や、富裕層への優遇措置を厳しく批判するもので、デモ活動は半年にわたって続いた。

その本質は、19世紀末のコクシーズ・アーミーや、1932年のコックスズ・アーミーと共通している。経済危機により、大事なものを失った中流階級の不満と不安は常に高まるものだ。

生活苦になった人々は怒りのはけ口を求める

経済危機が起きると、多くの国で大学教授や政治家が、「不況で中流階級が減少している」と指摘する。すると中流階級の怒りに火が付き、政府や金持ちに対する大規模な抗議行動へと発展する。

経済が悪くなって、生活が苦しくなった人々は、いつの時代も怒りのはけ口を求めるものだ。これは深刻な危機が起きた時に、常に起きている。彼らはなぜ自分たちが不幸になったかという理由は知らないかもしれないが、自分たちが実際に不幸であることは知っている。

コックスズ・アーミーに参加した人々は、1932年までに恐ろしい不況が起きたことを知っていた。彼らは政府に抗議するために、ワシントンDCまで行進した。コックスたちは、何か問題が起きているとは思ったが、それが具体的に何だったのかはよく理解していなかった。

だから、彼らは行進して、金持ちたちを非難した。危機で不幸になった人は、いつも誰かを非難するものだ。そして金持ちはターゲットになりやすい。

危機が起きると、金持ちだけでなく、外国人もターゲットになる。失業が増えると、

「外国人が仕事を奪っている」と非難する声が瞬く間に高まる。外国人と金持ちは、人々が悲鳴を上げながら誰かを糾弾しようとする際に、いつも標的にされる。

そういう時は経済学の基本に立ち返るべきだ。人々がお金をたくさん儲けて幸せになって、毎晩クラブで踊っていても、何か間違っていたわけではない。

むしろ危機が起きているのは、それまでの世界を変える何かが起こったことを意味している。今、すでに始まっている危機も、取るに足りないように思えた問題が重なって、雪玉が坂を転がり落ちるように大きくなっていった結果、起きている。

一見すると小さな取るに足りないような問題が連鎖して、大きな問題へと発展する。危機が起きると、新聞の一面に恐ろしいニュースが掲載され、多くの場所に不幸な人々が出現する。

山火事は世界のために森を再生している

危機は山火事のようなものだ。山火事自体は恐ろしい。しかし、古い木々を一掃し、新しい森がより良く成長することができる素晴らしい機会を提供する。誰も山火事は好きではないし、それが起きることを望んでもいない。それでも山火事は、世界のために森を再生している。

良いシステムは、誰かが失敗したときに賢い人々がやってきて、ダメになった企業を立て直せるような仕組みになっている。膿を出し切って打つべき手を打てば、会社は生まれ変わる可能性がある。

しかし、日本は1990年代にバブル経済が崩壊した際に、有能な人々にお金を与えず、無能な人々にお金を与え続けた。そして政府からお金をもらった無能な人々は、賢い人々と競争した。もちろんこのようなことをしても、日本の経済が良くなるわけがない。それが日本の経済がなかなか復活できず、長期的な停滞に苦しんでいる理由の1つだった。

日本が悪いシステムを一掃しなかったので、最悪な結果が起きた。失敗したことに気づいて以前のやり方を変えるならいいが、失敗した人々をそのまま放置して支え続けるのは良くない。

それが日本という国だった。日本は自分たちのやり方でものごとを進める。その結果、借金が増え続け、出生率は低くなっている。私は日本が大好きだ。多くの人にとって、今の日本は素晴らしい国のように思える。だが、あなたの子供にとって、未来の日本はきっと素晴らしい国でなくなるだろう。

すべてを失った経験から得たもの

危機が起きると絶望する人が多いが、たとえすべてを失っても、復活することは可能だ。実際に、私はかつてすべてを失ったことがある。

私がまだ駆け出しのトレーダーだった1970年のことだ。私は若くて知識も経験もなかったが、株は暴落すると確信して、持っていた資金をすべてプット・オプションにつぎ込んだ。プット・オプションとは将来のある期間に、ある価格で株式を売却する権利だ。私は株価が大幅に下落した際に、権利を行使して株式を売却すると利益が出るようなプット・オプションを購入していた。

1970年1月にプット・オプションを購入した5カ月後、実際にウォール街は完全に崩壊した。株価は暴落し、多くの企業が倒産した。

私は暴落することに賭けていたので、プット・オプションを行使して大儲けした。市場が底を打った日、私はプット・オプションを売ったので、資金は一気に3倍になった。

しかしそのわずか2カ月後、私はすべてを失った。投資した企業の株価が上昇し続けたからだ。私が「株価が下がる」と考えて空売りしていた6社はその2年後、すべて倒産し、予測自体は正しかったが関係ない。私は投資により、一時的に儲かったが、最終的には失敗したのだ。

最初にすべてを失ったことは私にとっていい経験になった。私の分析は素晴らしかったが、市場の変化を読み切れなかった。それでも、私は多くのことを学んだ。市場は時々狂ったように振る舞うということだ。そしてそうなることを、誰もが知っていたわけではないことも学んだ。市場は非常に不合理であり、人々の心理と行動によって大きく変化する可能性がある。

残念ながら、私はこうした人々の行動について十分な注意を払っていなかった。私は最初にすべてを失い、とても落ち込んでいた。危機に直面すると、多くの人々がすべてを失うことになる。投資をやめ、自殺する人さえ出てくる。

生きていれば食べていくために仕事を探さなければならない。ジャーナリストになる人もいたが、私には投資を続ける以外に選択肢はなかった。自殺する気はもちろんなかった。とても不幸だったが、あきらめずに投資を続けた。

危機の時こそ、辛抱強さが問われる。ぜひ覚えておいてほしい。最も重要な言葉は「忍耐」だと。

世界は成功していない賢い人々であふれている。世界は成功していない才能あふれる人々だらけだ。世界には成功していない美しい人々がたくさんいる。

世界には、成功していない人がたくさんいる一方で、成功している人は決してあきらめない人だ。ハーバード大学、プリンストン大学、イエール大学といった名門大学を卒業しているかどうかは重要ではない。辛抱できるかどうかが大事で、それができる人たちが人生において成功している。

ニクソン・ショックが変えた世界

私が1970年に投資に大失敗した直後に起きたのが1971年の「ニクソン・ショック」だ。当時のことを私はとてもよく覚えている。当時のリチャード・ニクソン大統領が、米ドルと金の交換を一時停止すると突然発表したのだ。

ニクソン・ショックが起きるまで、金と交換できる唯一の通貨は米ドルだった。ドルは世界の基軸通貨として、国際通貨基金（IMF）を支えてきた。ニクソン・ショックは、1940年代半ば以来続いてきた、ブレトン・ウッズ体制と呼ばれる国際的な金融秩序が崩壊した瞬間だった。

市場ではドル売りが殺到。日本銀行は必死になってドルを買い支えようとしたが失敗した（編集注：ニクソンが同時に発表したのは、10％の輸入課徴金の導入だった。米国への輸出に頼ってきた日本企業には当然打撃が大きかった。日本の株式市場は崩壊し、ニクソン・ショック後のわずか1週間で日経平均は約25%も下落した)。

ニクソンが関税をかけたのは日本に問題があると考えていたからだ。日本からの輸入が米国人の仕事を奪い、高い失業率や経済の不振につながっていると見ていた。問題が起きると政治家は常に外国人を非難するものだ。

日本は格好のターゲットだった。1971年当時は、太平洋戦争が終わってからわずか26年しか経っていなかった。このため多くの米国人は「日本人は邪悪だ」というイメージをまだ持っていた。

太平洋戦争を戦った米国人の大半は当時まだ40~50代で、誰もが戦争相手だった日本人を覚えていた。だから、ニクソンにとって日本人を非難するのは簡単だった。

もちろん誰もが貿易戦争は悪いことを知っていた。それでも米国の産業と雇用を守りたいと主張するニクソンの政策は国民に支持され、米国の株式市場はしばらく上昇し、日本の株式市場はしばらく下落した。

だが、米国経済に本質的な問題があったことは明らかで、誰かにツケをまわすのにも限界がある。その後、1970年代に米国は高い失業率とインフレが同時に進行するスタグフレーションに突入した。1973年のオイルショックが追い打ちをかけ、不況の長期化に苦しんだ。

ブラックマンデーを予想できた理由

1987年10月19日には、「ブラックマンデー（暗黒の月曜日）」と呼ばれる世界的な株価暴落も起きた。その日は私の誕生日だったので、たくさんお金を稼いだことを今でもよく覚えている。私は当時、株式市場が暴落することを予測していた。

「ある朝、オフィスに出社したら、平均株価が300ドルも急落するような悲劇が起きるだろう」と危機の前から私は警告していた。私は、ブラックマンデーのかなり前から、株式市場はあまりにも過熱しており、暴落する日は近いと考えていた。実際に私がメディアでそう発言しているのを見て、「ジム・ロジャーズはおかしくなった」と人々は思ったことだろう。その時点で株価は高値を更新し続けていたからだ。

だが、実際にブラックマンデーの日に起きた株価の暴落は、私が予想していたよりも、はるかに残酷だった。

ニューヨーク証券取引所のダウ工業株30種平均はたった1日で実に508ドルも下がったからだ。それは率にして22・6％という歴史に残る下落幅となった。大恐慌の引き金となった1929年のブラックサーズデー（暗黒の木曜日）の下落率は12・8％で、それを大きく上回るものだった。

それでも私は暴落を予想し、多くの株を空売りしていたので、結果的に大儲けすることができた。

当時、私は米コロンビア大学のビジネススクールで教えており、15～16人のクラスの講義を受け持っていた。私が暴落を予測していたことは広く知られていたので、メディアが教室にまで押し掛けてきたほどだった。

市場が完全に崩壊することを私が確信していたのは、それは巨大なバブルだったからだ。明らかにおかしな熱狂が起きていた。私は多くの間違いを犯すが、当時、何が起こっているか分かっていた。

問題は、私以外はみんな強気で、誰もが熱狂が続くと信じ込んでいたことだ。すべてのバブルは同じような軌跡をたどるものだ。人々は夢中になり、つかの間の絶好調が永遠に続くように思ってしまう。

私がよく困るのは、投資した商品を売るタイミングを間違えがちなことだ。市場のピークを正しく認識することができない。しかし私は市場の底がどこかを見つけることは得意だと思っている。

今回の危機のインパクトははるかに大きくなる

ニュースを見て、危機が起きていることを知った人々はこう言うものだ。「ああ、今、私たちは、何が問題なのかを理解した」。危機は雪玉が坂から転げ落ちるように大きくなっていく。

2008年秋にリーマン・ショックが起きたが、その前にアイスランドやアイルランドで金融危機が起きていた。世界の大多数の人は、それらは小さな問題だと考え、気にも留めていなかったが、振り返ると大きな危機が起きる予兆だった。

すべての危機は小さなものから始まるものの、やがて大きなものに発展し、最終的には、リーマン・ショックのような大きな経済崩壊へとつながる。

リーマン・ショックは、非常に多くの債権者、債務者が関与していた。その結果、自分たちはリーマンと無関係だと考えていた多くの人々の生活にも結果的に大きな影響を与えることになった。米国政府は窮地に陥った経済を救済しようとしたが、有効な手段は少なかった。

今回の危機でも、同じようなことが起きるだろう。しかも危機のインパクトははるかに大きなものになる。破滅は突然やってきて、人々の生活を台無しにする。すべてが崩壊し、すべての人に影響を与える。

破滅のトリガーの1つになることが懸念されているのはドイツ銀行だ。すでに危機に直面しており、信用不安が高まっている。かつてのリーマン・ショックが象徴するように、1つの金融機関の破綻が引き金になって、世界中の多くの人々の生活が激変することが本当にある。

危機の際に政府はどう行動すべきなのか。米国は、リーマンを救わなかった。もちろん救った方がよかったという人がいるかもしれない。しかしそれは、バブル崩壊後によく見られた日本型のソリューションと言える。

1920年代の米国では、政府が財政をバランスさせようとした。金利を上げ、支出を減らそうとし、ダメな企業は破綻させようとした。1990年代初頭のスカンジナビア諸国の政府も、不良債権問題を抱える銀行を整理した。

かつての日本のような破綻すべき企業を倒産させないやり方を米国は決してすべきではない。中国政府も不良債権を処理すると言っている。経営に失敗した企業は整理すべきだ。失敗は一掃した方がいい。失敗した企業を破綻させると、一時的に経済は混乱するが、いずれ復活する。歴史は、危機が起きてしばらく経つと、経済は盛り返すことを示している。

いったん成功した日本が転落した理由

戦後の日本は焼野原から復活した。国民が勤勉だったからだ。日本人は早朝から夜遅くまで一生懸命働いた。彼らは会社のために身を粉にして努力した。1950年代には日本は、素晴らしい品質の製品を製造できる力を身に付けた。最初は価格の安さだけで商売していたが、それ以上のことをしなければならないと気づいた。品質こそが、自分たちが成功するための唯一の道であることに気付いたのだ。

私は世界最大のアルミニウム会社だった米アルコアのトップの話を今でも覚えている。彼は日本に行って、アルミニウムの大きなロールを買い、米国に持ち帰ってきた。ピッツバーグの本社で、彼はそのアルミロールをアルコアの幹部たちに見せた。「これは非常に特別なアルミニウムのロールに違いない。こんな素晴らしい品質の製品は見たことがない」と幹部たちは言い、みな驚いた。

しかし彼はこう言った。「これは日本では〝標準的〟なアルミ製品だ」と。日本メーカーは素晴らしい品質を実現できれば、商品を世界中で販売できると気づくようになった。製造業全体で改善活動に取り組み、高い品質を実現するようになった。

1959年にホンダが米国に上陸した時、米国人はみんな腹を抱えて笑った。「日本メーカーのバイクなんて売れるわけがない」。誰もが物語の続きを知っている。ホンダ製品は品質が高く、手ごろだったので、多くの米国人がホンダ製品を買うようになった。1965年、米ゼネラル・モーターズ（GM）は世界で最も裕福で最も強力な会社だった。GMには借金さえなかった。あるコンサルタントがやってきて、取締役会で「日本メーカーがやってくる」と話した。「誰が日本メーカーを気にする必要があるのか」。経営陣は鼻で笑った。

50年後、GMは破産し、トヨタ自動車は高い品質が評価されて、世界最大級の自動車メーカーになった。半世紀前に高いシェアを持っていたビッグスリーは、日本車には競争力がないと思い込んで、失敗した。

日本メーカーは素晴らしい品質のクルマを手頃な価格で製造し、トヨタは世界最大の自動車メーカーになった。世界で最高のステーキハウスが米国ではなく東京にあるように、日本人の品質へのこだわりは群を抜いている。世界一のイタリアレストランも、イタリアではなく東京にあると私は確信している。世界最高のウイスキーも同様だ。日本人はスコットランドに学んでウイスキーを作り、それをはるかに良くした。日本人は1950年代に、商品は価格ではなく品質で売らなければならないことを知った。それこそが、日本が成功した理由だ。

しかし戦後、危機から立ち上がり、高度成長を成し遂げた日本の成功は台無しになった。バブル崩壊後、経営に失敗した企業が破綻しないように救済するケースが目立つなどして、経済は長い間落ち込んだ。ダメになった企業が倒産しないことは、長期的にみて間違っており、日本は、失われた10年どころか、30年にわたる経済の停滞を経験することになった。

今の日本は多くの問題に直面している、出生率は低く、莫大な借金も抱えている。そして問題を抱えた産業や企業を支えるためにひたすらお金を借り続けている。そんな時に未曾有の危機が迫っている。私は日本が大好きだが、その将来が明るいものだとは決して思えない。

第 3 章

危機の際に どう行動すべきなのか

すべての常識は15年で劇的に変わる

それでは危機の際にどう行動すべきなのか。

まず重要なのは危機に対するあなたの認識を変えることだ。危機は一定の頻度で必ず起きる。そして、あなたが今正しいと信じている常識の多くは、15年後に間違っている可能性が高い。

歴史を振り返ってほしい。1930年に誰もが正しいと思っていた常識は、1945年にどうなっていたのか。第二次世界大戦はすべてを変えた。つまり世界は常に変化している。だから私は、誰もが歴史を勉強すべきだと考えている。

もちろん必ずしも15年とは限らない。時に10年だったり、25年だったりする場合がある。しかし、歴史を検証すると、おおむね10〜15年経つと大きな変化が訪れている。

私は歴史を学ぶ中で、10〜15年経つと、世界が劇的に変化するケースが少なからずあることに気づいた。

例えば、1991年にソビエト連邦は消滅した。その10年前の1981年には誰もが想像できなかったことだ。1989年にベルリンの壁が崩壊してからわずか2年後にソ連はなくなった。当時、多くの人々はソ連の崩壊により、共産主義は消え去ると考えていた。だが、それから15年経っても、いくつかの共産主義諸国は生き残っていた。私たちが今常識だと考えているすべてのことは間違っている。そう言っても言い過ぎではない。成功した投資家になりたければ、それを理解する必要がある。

変化のきっかけとなるのは危機だ。危機は素晴らしいチャンスでもある。日本語の危機は中国語で「ウェイヂィー」と発音するが意味は同じで、危険と機会は表裏一体だ。新聞の一面を飾るような危機のニュースを見た時に、「ああ神様、これは大惨事だ」とあなたは思うかもしれない。だが、「これは素晴らしいニュースだ」と考える人もいる。テロや天災が世界を襲うのは本当に悲しいことだが、投資家にとってはチャンスが生まれる。

危機が起きても絶望する必要はない

危機で何もかも失い、あなたの気分がどれほど落ち込んでいても、どん底から復活できるチャンスはある。絶望が深ければ深いほど、次に来る幸福は大きいことだろう。

危機になると、絶望して自殺しようとする人がいつも現れる。そういう人たちに私はこう伝えたい。どんなに悪いことがあっても15年経てば、世界は全く違うものになっている、と。

もしあなたが危機で悲惨な目にあって、気持ちがものすごく沈んでいても、自殺してはいけない。私のある知人は、妻に捨てられて、自ら命を絶った。私も過去に離婚して落ち込んだことがあるが、今は神に感謝している。その15年後、私は非常に幸せだったからだ。

世界には同じような物語がたくさんある。人々は何らかの理由で非常に落ち込むことがある。絶望してしまう人は歴史をきっと見ていない。15年後に、全く違う人生が待っていることを知らないだけなのだ。

自殺しなければ、素晴らしい未来が待っているかもしれない。死因の中で自殺の順位が最も高いのは20歳前後の若者だ。だが15年経てば、状況は大きく変わる。どんなに悪いことがあっても、未来はきっと変わる。

日本を見てもそうだろう。1965年に証券市場が崩壊したときに、絶望的な状況だと考えた人も多かったはずだ。だが、日本はその後、短期間で復活した。1980年の日本は非常に成功した経済大国になっていた。しかし、その15年後はバブルが崩壊して、日本経済は大変な落ち込みを見せた。繰り返しになるが、15年経って、物事に大きな違いがなかった時代は、歴史上ほとんどない。

まずしなければならないこと

危機に対応するためにまずしなければならないことは、何が起きているかを知ることだ。ほとんどの人は危機が来る兆しがあっても、積極的にそれを見つけようとしていない。だから世界の仕組みと、何が起こっているのかを理解する必要がある。

例えば、インドの金融システムに何が起こっているのかといった、予兆を探す必要がある。何を探していても、何を見ていても、そう考えた方がいい。その際に最も重要なことは、他人に何をすべきかを聞かないことだ。誰かの意見に耳を傾けるべきではない。何か問題が発生した場合、自分で何をすべきか分からなくなるからだ。

自分の頭で考えず、他人の意見に従って行動して、物事がうまくいかない場合、あなたは次に何をすべきか分からなくなる。だから投資するなら、自分がよく知っているものだけに投資すべきだ。さもなければ、あなたはそれを買った理由がわからず、物事がうまくいかないときに何をすべきなのか分からない。

誰もが「ホットティップ（とびきりの情報）」を欲しがるものだ。みんな私に「これを買えば大丈夫だ」と言ってほしがる。しかし他人に頼ることは、あなたを完全に無能な人間にしてしまう。だから自分の頭で考えて、自分がよく知っている分野に投資する必要がある。

あなたが人生において、たった20回しか投資できないなら、あなたは自分が投資するものに対して非常に注意深くなるだろう。「うまい儲け話を聞いた」と飛び跳ねたりせず、他人からホットティップを聞こうとしないはずだ。何も見つからないなら、自分が知っている世界に留まり、何も投資しないほうがいい。

多くの場合、成功した投資家は自分が状況を理解できない時は何もしない。彼らはただ座って窓の外を見て待っている。そして自分が良いと思える投資対象を見つけて、それがうまくいくと確信できるまで待ってから、投資する。

そしていったん投資すれば、その価値が上がるまでじっと待つだけでいい。あなた自身がそれをいつ売るべきか分かっているはずだ。

自分がその分野に詳しければ、何かが変化し、状況がよくなったり悪くなったりすると、すぐに分かる。誰かに薦められて何も考えずに投資すると、その商品がどういうものなのか、そもそもなぜ買ったのかさえも分からないので、頭を抱えることになる。

クルマでも、ファッションでも何でもいい。あなたがその分野について多くを知っている場合、他の人よりも有利な立場に身を置くことができる。投資に関する最も重要な教訓は、みんなが大失敗している時に、あなたが知っている何かに投資すれば、その後、投資した商品の価値は大幅に上がるケースが多いことだ。

みんなが失敗している時こそ、チャンスがある

ほぼすべての人が失敗しているとき、賢い投資家は上手に立ち回っている。誰もが悲観的になって「もうダメだ」と言っている時に、チャンスを見つけて投資しておけば、回復した時に得られるリターンは大きい。だから、自分自身がよく知っている分野に投資するというルールを守るべきだ。そうすれば、あなたは多くのお金を稼ぐことができる可能性が高い。

もちろん投資する前には、きちんとしたリサーチを実行する必要がある。あなたが成功したいなら、情報収集のためにかける労苦を惜しむべきではない。もしあなたが投資すべきものが見つからないと思うなら、銀行にお金を預けて、投資するタイミングを待つべきだ。

2006年と2007年に多くの人々は、経済に問題が発生していることに気づいていた。サブプライムローンの問題は明らかに深刻化していたが、多くの人々は手をこまねき、お金や不動産を失った。

危機がやってくるときは、どの銀行にお金を預けるかにも注意を払うべきだ。大きいだけでなく、財務が安定している健全な銀行に預けることをお薦めする。

私は今、ロシアの債券を所有している。ロシア債の利回りは高い一方で、ロシアの政府総債務残高はＧＤＰ比でそこまで悪化しておらず、相対的には健全性が高いと言えるだろう。

それでも地図上でロシアがどこにあるかを知らないような人は、ロシア債を購入すべきでない。新聞やインターネットで誰かが「ロシア債に投資すべきだ」と言っていても、耳を傾けない方がいい。自分が理解できている投資先ではないからだ。

私は地図上でロシアの場所を知っており、ロシアのブローカーを探す方法も知っており、現地に足を運んだこともある。「ロシアにどのように投資したらいいですか」と聞いてくる人に対し、私はこう答える。「ロシアに投資する方法が分からなければ、ロシアに投資すべきではない」。

ロシアに投資する方法を調べる必要があるくらいなら、ロシアに投資すべきでない。

私は１９７０年代から現在まで半世紀にわたり投資を続けているが、いつも成功しているわけではない。

危機の際に持っておくべき資産

危機が起きた際には、どのような資産を持っておくべきなのか。私は米ドルをたくさん持っている。米国は世界で最も大きな借金を抱えており、爆発寸前であるとすでに述べた。しかも状況は日々悪化している。ではなぜ米ドルを持つのか。

私たちは人々がどう考えてどのように行動するかを理解する必要がある。危機が起きると人々はこう考える。「米ドルは安全な避難所だ」、と。問題が発生すると、人々は安全な避難所を探す。彼らは米ドルが安全な投資先だとまず考える。

だからこそ、米ドルは危機が起きると高くなる。危機がどれほどひどいのかに応じて、米ドルは高値になり、過大評価されるだろう。人々は米ドルを所有することを切望するはずだ。その時点で、私は米ドルを売って何か別のものに投資する。

もちろん危機の際にどう行動すべきかは、何が起きたかに依存する。だがおそらく米ドルを除く、大半の通貨は下落しがちだ。もちろん金も有望な投資先だ。しかし、危機の最初の段階で、金はしばしば下落する。資金不足に陥った人々が金を売って、現金を手に入れる必要があるからだ。多分、私は米ドルを売って金や銀を買うだろう。もちろん状況次第で、打ち手は変わるはずだ。

危機の初期段階で金が下がったとしても、すぐに上がる。歴史を通じて人々は自分の国の経済が悪化し、通貨が下落すると、次に金と銀を買おうとするものだ。多くの学者は、「それはおかしい。金や銀を買っても仕方がない。役に立たない」と言うだろう。だが、気にする必要はない。多くの人は学者ではない一般の人々だ。問題が発生したら、彼らは金と銀を買う。大学教授は、人々がしたいことをさせてあげればいい。

私も以前から金と銀を所有しており、しばらく前に少し買い増した。金や銀が下落するタイミングがあれば、もっと買い増すだろう。すべての危機において、金と銀の価格はいったん下がったとしても、すぐに上がるからだ。

今回の危機は非常に厳しいものになるので、大学教授や中央銀行が「金を買っても意味がない」と言っても、多くの人は気にしないで買うだろう。だから私は、金と銀をたくさん買って準備している。

とりわけ中国人は金が大好きだ。共産主義体制で経済の自由化が進む前は、金はあまり手に入らなかったうえに高かった。何より金を買うための資金を持っている人もあまりいなかった。今は中国で金を買うのは簡単だ。金の先物も金貨もあり、中国銀行の支店に行けば、金の延べ棒まで買うことができる。

それでも他人の話をうのみにしないことだ。自分のやり方で投資したほうがいい。私は金と銀、そしてたくさんの米ドルを所有している。それは健全だからではなく、多くの人がそれを健全だと思うからだ。

人々は、危機の際に、英ポンドやユーロなどの他通貨に比べて、米ドルが優れていると思うものだ。実際はそうでなくても、そのように考えて行動する。

企業は何をすべきなのか

危機に対応するために、企業は何をすべきなのか。まず負債を劇的に削減すべきだ。同時に顧客＝取引先に注意する必要がある。借金の多い取引先は、危機の際にトラブルに陥り、代金を回収できなくなるリスクが高くなる。したがって、企業は自社の負債だけでなく、借入金が多い取引先にも注意する必要がある。企業は顧客を排除したくないだろうが、借金が多い顧客は短期間で問題が起きるリスクがある。

いずれにせよ多くの債務を抱えている企業は問題を抱えているので、それに対処し、準備する必要がある。危機が来ると顧客企業のいくつかは破産し、あなたが何も悪いことをしていなくても、あなたのビジネスに影響する。

あなたの会社が過去に倒産したことがなく、借金があまりなくても、顧客の多くはトラブルに巻き込まれるため、顧客について心配する方がいいだろう。さらに、どの国とビジネスしているのかを、同様の基準で確認する必要がある。リスクが高い国の企業と取引をしていると、予想もできないようなトラブルに巻き込まれる可能性がある。

さらに自分の会社が得意としていて、強みがあるビジネスに留まる必要がある。危機の際はビジネスを多角化してはならない。多くの企業は、新しいビジネスに進出し、多角化していないと、スピード感がないと批判されがちだ。

しかし自分たちが知らないことをしようとすると、多くの場合、よりたくさんの問題が起きる。事業を多様化させている会社は、より多くのトラブルに巻き込まれやすい。それは企業の経営を間違いなく悪化させるはずだ。

したがって、特に困難な時期は、自分が知っていることにフォーカスし、自社の借金を減らし、多くの借金を抱えている企業と取引しないように気をつけるべきだ。不必要な資産があるなら売却して、手元資金を増やしておくことも有効な手段になる。

流動性を高めて、いざという時に備えておくことが必要だ。不必要なものを売り、借金を減らす。そしてあなたが最もよく知っている事業に集中するならば、困難を乗り越えられる可能性は高くなる。

危機への備えをしておこう

平時なら分からなくても、危機が来たら、あなたがその時のために準備ができていたかどうかが分かるだろう。

2008年にリーマン・ショックが起きた時、ウォール街のすべての投資銀行は確信していた。次にどの会社が崩壊するかを。私もシティグループだと分かっていた。サブプライムローンに入れ込んでいたからだ。その後シティグループは、世界最大級の損失を出し、米政府から巨額の公的資金の注入を受け、不良債権も肩代わりしてもらうことになった。

ファニー・メイ（米連邦住宅抵当公庫）もそうだ。私はファニー・メイが崩壊すると確信していた。だから私はテレビでも、問題が注目を集めるかなり前から危機が起きると明言していた。私はリーマン・ショックのような危機を予見しており、準備もしていた。もちろん今回の危機に向けた準備もしてきた。

私はリーマン・ショックの前年の2007年に米国からシンガポールに引っ越した。当時、危機が起きるのは近いと考えて、シティグループを空売りし、ファニー・メイも空売りしていた。

シンガポールに引っ越した頃、記者会見であるジャーナリストからこんな質問を受けた。「あなたがシティグループや投資銀行を空売りしている理由を教えてください」。私はすでに述べたような理由で危機が来るだろうと説明した。しかしシンガポール政府はその時点で、それらの企業の株をたくさん買っていた。

「シティバンクや投資銀行株への投資で、シンガポールは多くのお金を失うことになるので、私は悲しんでいる」。私は記者会見で、こう話した。

しかし（シンガポール政府の影響が強い）現地の新聞は、「ジム・ロジャーズ氏がシンガポールに住んでいるのは幸せなことだ」といった当たり障りのない記事しか掲載しなかった。

その後、2008年にリーマン・ショックが起きて、全てが崩壊した。それでも「ジム・ロジャーズはやはり正しかった。私たちは間違っていた」といった記事をシンガポールのメディアは書かなかった。誰も私の言うことを信じていなかったのだ。

常識に反するアイデアを人は信じない

常識に反するアイデアを持っていて、それを周囲に伝えても、誰もあなたを信じないだろう。多くの人々の耳には、それは人間の言葉ではなく、オオカミの鳴き声のように聞こえているはずだ。

みんなと違うアイデアや珍しいアイデアを信じる人は、普通はいない。テレビでもインターネットでも、多くの人に受け入れられているニュース以外は、信じてもらえないものだ。

人間は常識にとらわれ、多数の人が言っていることが正しいと思い込みがちだ。他人の意見に惑わされず、自分の頭でものごとを考えるのは簡単でない。だから私は自分の子供たちにこう教えている。「お前たちは、他人に依存せず、自分の頭で考えなければならない」と。

それは簡単なようで、本当に難しいことだ。

誰もが「空は青い」と言う。ほとんどの人は、窓の外にある空をちゃんと見ているかどうかも分からないのに。本当に空は青いのか私には分からないが、誰もが青いに違いないと思い込んでいる。もし「空は青くない」とあなたが言うと、「クレイジーだ」と人々に言われるだろう。

それでも他人の言うことを気にするべきではない。世間で常識とされていることを疑ってみた方がいい。自分の頭で考えないと、見えない真実がある。

危機の際の人間の行動には共通点が多い

「すべてが変わる」と私は言ったが、歴史から学べることはたくさんある。危機の際に、人々がどう考え、どう行動するかについては共通する点が多いからだ。

危機が起き、経済が崩壊しても、必ず復活する——。私はそれを自らの経験と読書から学んだ。とりわけ実際に危機が起きた際にこそ、過去の歴史から学ぶことが大事だ。投資をしていると、何かが変化していることが分かる。問題は、ほとんどの人が過去の歴史をきちんと見ていないことだ。歴史を振り返れば、今起きていることが何であるかが、きっと見えてくることだろう。

日本人は多くの危機を知っている。大半の日本人は、災害が発生すると、「ああ、神様。なんてことだ」と嘆くだろう。だが、過去に同じような災害は起きており、先人の知恵に学べることは少なくないはずだ。

危機の時にこそ、投資家はお金を投資して、困っている人々を助けるべきだ。それこそが、災害を生き延びた人々を救うことになる。

私が災害の起きた場所に行って、「私にはお金があります。ぜひ投資したい」と伝えたら、どうだろう。「ここから出ていけ。あなたは私たちの問題を利用している」と怒る人は一部にいるかもしれないが、多くの被災者は「私たちには助けが必要で、ぜひあなたに投資してほしい」と言うだろう。

評論家たちは、「ジム・ロジャーズは災害をビジネスチャンスと捉えている。恐ろしい男だ」と非難することがある。こうした状況は災害時にいつも起きる。しかし、被災者は「あなたは邪悪な外国人だ」とは言わない。「あなたのような外国人が来て、投資して私たちを助けてくれるのはありがたい」と喜ぶだろう。

結果的に誰かがお金を稼ぐこともあるかもしれないが、必要な時に必要な場所にお金が向かうのは間違いなくいいことだ。

逆境で生まれる投資チャンス

世界には、ベネズエラのように、何年も前から経済が大惨事に見舞われている国もある。このような状況では、5～6年は待つ必要があるかもしれない。戦争のような悲惨な状態にある国では何もかも安くなり、投資のチャンスがある。こうした国には、資本もエネルギーもないので、人々は不幸な生活を送っている。

私が少し前にベネズエラに行ったのは、現地で何が起きているのかをこの目で見て確かめるためだ。ベネズエラのホテルは空いており、投資家の姿はあまりなかった。私は米国人なので、ベネズエラに投資することは違法でできない。しかし少し時間が経てば、ベネズエラに投資のチャンスが来るのは間違いないだろう。

危機や大災害が起きた後に投資すれば、多くのお金を稼ぐことができる。もちろん行動するなら、危機が終わりに近づいているという確信が持てるタイミングにすべきだ。

1930年代に、米国の株式がピークから90％下落した時は、一部の投資家にとって非常にエキサイティングだったはずだ。もし日本の株式市場がバブル崩壊後のように、ピークの5分の1以下に下がれば、投資家としては非常に興味深いものになるだろう。日経平均は2020年2月までの2年間、2万1000～4000円程度で推移してきた。しかし例えば、4000円にまで下落すると、大きな投資チャンスがやってくる。

私は長年にわたって、災害や危機を観察する中で、どこにチャンスが潜んでいるかを学んできた。

例えば、私が1973年にクォンタム・ファンドを共同創業した頃のことだ。当時はベトナム戦争の終結に伴い、米国の防衛費は大幅に減少していた。このため米国の防衛産業は存亡の危機に瀕していた。

ロッキードは当時、米国で最大の防衛企業だったが、巨額の負債を抱えて、米国政府に融資保証を求めるなど、事実上、倒産状態にあった。しかし私はあえてロッキードについてリサーチをして、同社に投資することを決めた。

もちろんロッキードが危機に瀕していたという理由だけで投資したのではない。米国の防衛産業が崩壊したために、状況が変化していたからだ。

米軍の幹部たちは、米国を守り続けなければならないと考えていた。私はそう思わなかったが、将軍たちはそう思っていた。私はワシントンDCに足を運び、議会を訪れて、様々な人の意見を聞いて回った。「防衛にはお金を使い続けなければならない。米国は強くなければならない」という意見が多かった。

中東戦争で得た気づき

私が防衛産業に投資しようと思ったきっかけは、1973年に起きた第四次中東戦争だ。戦争が始まった日に、エジプト空軍がイスラエル軍のジェット機を撃ち落とすことに成功した。イスラエルは序盤の劣勢を後から挽回するが、それまで無敵のイメージがあったイスラエルが苦戦したことは大きなショックだった。

私はエジプト空軍が、当時のソ連が開発していた高度な電子機器を受け取って、戦争に使っていたことを知った。そこで私は米国の様々な防衛企業を訪問し始めた。ロッキードは当時破産状態にあったが、高度な技術開発力で知られていた。ワシントンDCの議員に聞いても、米国防総省が高度な電子戦に向けて準備を急ぐ必要があると感じているのは明らかだった。

しかしベトナム戦争の終結に伴う防衛費減少で、防衛企業の株価は落ち込んでおり、1ドルや2ドルで取引されるような状況だった。当時のロッキード株はわずか2ドルほどで取引されていたが、「電子戦の時代が到来し、ロッキードが重要な役割を果たす」という私の読みが当たり、同社の価値は急上昇した。その後の数年間でロッキード株は100倍になった。

もちろん全ての予測が当たるわけではなく、私は間違いを犯し続けている。それでも、何か変化が起きていることに早く気付くことができれば、多くのお金を稼ぐことができるという自信はある。

私は2018年に保有していた日本株をすべて売却した。その後、2020年までは何もしなかった。しかし買いのタイミングが近づいてきた。私は世界を見ており、日本は再び私の投資リストに載っている。市場の動向次第で、再び日本株を購入する可能性はある。

まだ物色している段階だが、投資を検討している。値上がりが続いていたら、私はもちろん買わない。しかし価格が下落したら、間違いなく私は投資を検討する。今はそのような局面が来ている。

危機の際に成功する投資とは

商品、株、通貨など、さまざまな投資の対象となるものがある。危機や災害時に成功する投資は、好況時とは異なるものだ。逆回転し始めた時にこそさまざまなチャンスが生まれるので、優れた投資家は、不況は景気の正常な循環の一部だと考える。

他のすべての人が失敗しているときに、投資に成功するためには何が必要なのか。投資すべき対象を上手に見つけなければならず、その際には、以前は見向きもしなかったものにチャンスが生まれている可能性がある。

あなたが自信を持って投資できる対象を見つけた場合、見つけるのが遅くても、それは、国であろうと、株であろうと、商品であろうと、何であれ非常に大きな利益を生む可能性がある。

私は世界や自分自身について十分に学び、いつも危機が起きたらどのように行動するかを考えている。投資で成功するために必要なリサーチを続け、自分が知っているものに留まり、変化が起こっている場所で安いものに投資する。

他の人が絶望し、何でも手放そうとするときに、うまくいきそうな対象を見つけて投資する。これは基本的な原則だ。危機の最中であろうと、危機の後であろうと、危機の前であろうと、私はこうしたスタンスで投資を続けている。

バブル時に投資すべきでないとはすでに述べた通りで、ブームになっている産業が巨大になったとしても、お金を稼ぐことは難しい。バブルに投資してもお金を稼ぐことはなかなかできない。

間違いをそのままにすべきでない

危機の際に、不動産は保有すべきなのかという質問もよく受ける。価格が下がった場合に不動産を持ち続けるべきなのか。安くなった不動産を購入すべきかについては迷うところだろう。

すでに不動産を保有している場合、重要なのは、損が出ているものを持ち続けるよりも、早く売却した方がいいということだ。間違いをそのままにすべきでない。現実を受け入れ、それに合わせる形で、あなたは行動しなければならない。

投資家にとって、危機は素晴らしい機会だ。自分自身を鍛えることを学ぶことができる。私はさまざまなことを学んだ。私は危機を知った時に、自分に何ができるのかをいつも考える。どうすれば幸せになれるか、と。

危機が起きると、「ああ、ここにチャンスがある」と私は考えるが、ほとんどの人はそうは思わない。多くの人は観光客として新しい国に行って現地を見ただけで、この国は素晴らしいと考えるが、あなたはそう思うべきでない。

私はそうした際に、何か新しいものや違うものがないかを常に探している。実際に世界各地に足を運び、街や人々の様子を観察し、変化を発見するのが大好きだ。パリのエッフェル塔を見ただけで素晴らしいと言う人は、ほかにも何かないか観察して注意を払う必要があるのかもしれない。

私も若い頃は、旅行して街を見て、「すごい。なんて美しい建物なのか」と素直に思ったものだった。しかし長年、投資を続ける中で、美しい建物を見るだけでなく、周囲を見回してほかに何が起きているかを学ぶことが重要だと考えるようになった。

第 4 章

お金持ちになるために大事なこと

手っ取り早く儲けようと思ってはいけない

多くの人がお金持ちになりたいと願っている。そこで理解しなければならないのは、みんな手っ取り早く儲けたいと思っていることだ。誰もがそう望んでいる。それは私も同じだ。しかし、それではなかなかうまくいかない。

たくさんの人がホットティップ（とびきりの情報）を望んでいるので、そのような情報を私が与えなければ、人々はがっかりする。しかし、あなたが成功した投資家になりたいなら、誰かに頼っていると、うまくいかない。簡単に儲かれば、誰もが裕福になるはずだが、そうならない。ほとんどの人は投資に失敗する。

成功できないのは、簡単に儲かる方法ばかり探しているからだ。手っ取り早く儲けたい人は成功するために必要な努力をしたがらない。

くり返しになるが、人生においてたった20回しか投資できないなら、あなたは必死になって調べてから投資するので、成功する確率は高いだろう。問題は誰も面倒な話を聞きたがらないということだ。人間は自分の耳に心地よい儲け話にすぐに飛びつく。

私の話を参考にして投資に成功した人は、私にもっと教えてくれと言うだろう。しかし失敗した場合、損失を補うために別の投資をしなければならなくなる。それは恐ろしいことだ。人は追い詰められると、投資すべきではない時に、海に飛び込むようにしてむやみにお金を投資してしまう。そんなときはドアを閉め、心を落ち着かせ、静かに待つべきだ。

危機の時に急いで飛び込んで何かをする必要があると思ってはならない。そうしてしまうことが、ほとんどの人が投資で成功しない理由だ。

簡単ではないが、私はタイミングを見計らい、待つことができる。ほとんどの人がそうできないことが問題だ。多くの米国人は簡単な方法が大好きで、いつもそればかり探している。

投資は難しいと誰もが理解すべきだ。多くの努力、多くの研究、多くの知識を必要とすることを知っていれば、人々はおそらく安易に投資をしないだろう。

ただ座ってテレビを見ていたい。サッカーやドラマを楽しみたいと考える人がなんと多いことか。彼らは退屈で面倒な仕事をしたくない。分厚い企業のアニュアルリポートを読んで研究するのはつまらないことだと思っている。

すぐに儲けられる話をみんなが聞きたがるところに落とし穴がある。誰もが自分で研究するよりも、うまい儲け話を探している。そして自分がよく分からないものに手を出す。自分が知っているものにだけ投資するというルールを守るべきだ。

豊かな生活を送るために必要な金額

しばらく前にスイスの銀行大手が悠々自適の生活を送るには250万ドル（約2億7500万円）のお金が必要だという調査を発表した。しかし10年後にはそれが500万ドル（約5億5000万円）になるかもしれない。

500万ドル保有していて、年間1％の収入を得られるとしたら5万ドル（約550万円）にしかならない。それで十分なのか。少なくとも私にとって、その金額は全く足りない。

今、1000万ドル（約11億円）の資産があっても、銀行に預けることで、利子をどれだけ稼げるのか。世界的な低金利が続く中では、豊かな生活を期待できるようなリターンはとても得られない。そんな中で資産を一挙に失いかねない危機が到来した。

私自身、過去にさまざまな危機を経験してきた。ブラックマンデーやリーマン・ショックなど困難な場面に何が起き、人々がどう行動するのかを見てきた。

私が知っている唯一のことは、危機が起きても目を覚まし続けることだ。自暴自棄にならずに常にチャンスを探し続けるしかない。それ以外に方法はない。逃げ出して出家することもできるかもしれないが、私はそうしなかった。私はただ目を覚まし、辛抱し続けた。

忍耐し続けながら、変化を見極めて生き残る。それ以外に、解決策はない。そう私は心から思う。もし、あなたに5人の子供がいるならば、彼ら一人ひとりが自分なりのサバイバル方法を見つけなければならない。

危機がやってくると自殺する人もいる。しかし、私は人々が命を絶たないことを願っている。生きていれば、5年経ち、10年が経つと、「ああ、良かった。自殺しなかったから幸せな人生があった」と気づくだろう。なぜなら、状況は必ず良くなり、変化するからだ。

良い投資家になるためにはバランスシートを読もう

良い投資家になりたいなら、バランスシート（貸借対照表）を読むことを学ぶ必要がある。バランスシートから始めれば、投資を考えている会社が健全かどうかを知ることができる。バランスシートは損益計算書よりもはるかに重要になる。

健全な会社かどうかが分かるからだ。損益計算書よりもバランスシートに企業の経営の本質は現れる。だから、私はいつも企業分析をバランスシートから始める。

人々と話すときも、数字を理解しなければならないといつも伝えている。誰も難しい数字を理解したがらない。バランスシートを読んで分析するのは大変な作業だからだ。アニュアルリポートには、財務諸表の「注記」がある。アニュアルリポートを読む場合、この注記にこそ気をつけるべきだ。多くの人は気にも留めないが、そこに書かれている情報は、投資に役立つヒントで満ちている。

これは骨の折れる仕事で、普通の人はやりたがらない。書かれている内容は退屈で複雑だ。しかし、貸借対照表と注記の内容を理解できれば、会社の実像が見えてくる。だから売上高や損益が書かれている損益計算書よりも、ずっと大事で、最も重要なことだ。こんな退屈な仕事をするよりも、アメリカン・フットボールや野球の試合を見たいと思う人が多いのも当然だろう。

1年分の損益計算書だけを読んだとしても、過去と比較して現在と将来を見通す必要があるため、それだけでは十分ではない。5年、10年、15年分の損益計算書を用意することが、企業がどのように変化しているのかを理解するには欠かせない。

それでもバランスシートが最も重要で、そこから始めるべきだ。そうすると、企業について多くのことを学ぶことができる。

とりわけ企業を分析するには、借金の状況を理解する必要がある。その情報はすべてバランスシートにある。例えば、前年に借金がなかったのに、今年になって急に借金が増えているなら、何が起きているかを調べる必要がある。それは他の項目を注意深くチェックしなければならないことを意味している。

逆に多くの借金を抱えていたのに、今ほとんど借金がないならば、その会社がどのように変化したかを見なければならない。ほとんどの人はこのような正しい手順で会社を分析していない。だからほとんどの投資家は失敗している。もちろん損益計算書は非常に重要だが、バランスシートの理解を優先すべきであることを忘れてはならない。

株式インデックスへの投資は有効な手段

多くの研究成果は、ほとんどのプロの投資家の投資パフォーマンスが、株価平均よりも良くないことを示している。債券や商品や通貨に関しても同じことが言える。そうであるならば、株式の場合、株価平均に連動する株式インデックスに投資した方がいいことになる。ほとんどの投資家は、（日本なら日経平均株価や東証株価指数＝ＴＯＰＩＸ等の動きに連動する運用成果を目指す上場投資信託である）ＥＴＦのような商品に投資した方がいいだろう。

これは単純だが、真実だ。ほとんどの投資家は個別銘柄に投資するよりも、株式インデックスを購入するほうがいい。そうすれば、個別株の上昇や下落にやきもきすることなく、バーをはしごしたり、サッカーや野球を観戦したりすることができる。株式に限らず、債券や商品、通貨のインデックス投資も同様に有効な手法だ。

数々の失敗を通じて、私は多くのことを学んだ。繰り返しになるが、自分が何をしているか分からないときは投資をせずに、落ち着いてタイミングを待つことだ。

誰かの話に惑わされてはならない。私は自分自身の経験から、ほかの誰かの意見に耳を傾けるたびにしばしば間違いを犯すことを学んだ。自分が何をしているか分からないと確実に失敗するので、そういう時は何もしない方が良いことを学んだ。

1年間に2％を失うよりも、1％を稼ぐ方がベターなのは言うまでもない。何もしない方がいい時もある。あなたがお金を儲けられるという自信が持てるまで待ってから、投資をすべきだ。

何をしているか分かっていない人が多い

私は投資の世界をとても気に入っている。私がトレーダーになった時は本当に楽しかった。毎朝目を覚まし、未来がどうなるかを把握しようとした。もちろんあらゆる投資家が未来を予測しようとするが、私は非常に早い段階で多くを学んだ。最初は、誰もが私よりも賢く、経験豊富で、優れた教育を受けていると身構えていた。

だが、多くの投資家が、自分たちが何をしているのか良く分かっていないことに気づくのに、長くはかからなかった。投資の世界では、自分が何をしているか理解していない人がどれほど多いことか。彼らはみな同じように考え、同じ考えに従う。

私は自分自身の経験から、たとえいったん成功したとしても、一部でも間違いを犯せば、大きな成功が大きな失敗に変わることを学んだ。私はそのような教訓から、成功するために必要な多くのことを理解した。実質的に破綻していたロッキードの株が、電子戦で注目を集めて大幅に上がることに気づいた話はすでに述べた通りだ。

私はロッキード株に投資した頃に、投資家が集まる夕食会に参加した。当時、多くの名の知れた投資家が集まり、投資のアイデアについて議論していた。私はその会に最年少のメンバーとして参加したことを今でも覚えている。そこで私は「ロッキード株を買うべきだ」と言った。

すると、テーブルの反対側にいた賢い投資家として有名だった男が、みんなに聞こえるような大声でこう話した。「誰がそんな株を買うものか」と。とても恥ずかしかった。

私はそこで一番若く、最も経験の浅い投資家だったからだ。

しかし、ロッキード株が100倍になったとき、彼はもう何も言わなくなった。大事なのは、自分自身の経験と読書などから学び続けることだ。私は今でも過去の証券市場の歴史について書かれた本を好んで読んでいる。過去に起こった多くのことを知ることができるからだ。

孔子の格言に耳を傾けよう

中国には、孔子という偉大な思想家がいる。私は孔子の墓と生家とされる場所にも行ったことがある。彼の考えは、時を超えて生き続けている。彼の語った言葉を、何百年もの間、多くの人が高く評価してきた。だから彼が言ったことには何らかの真実があるに違いない。

永遠に続くものには、おそらく何らかの真理がある。もちろん孔子は今の時代に必要ないという人もいるだろう。しかし、私は、試練に耐える際に必要な知恵が孔子の言葉に含まれていると思っている。

孔子について学んだら、「ああ、神様、私は間違っていた」と思うようになるだろう。

孔子自身も多くの間違いを犯したが、そこから学ぶ力に優れていた。だからこそ、彼の言葉からは、試練に耐えるために役立つ何かが見つかるはずだ。

「立ち止まらなければ、あなたはどんなにゆっくり進んでも問題ではない」。孔子はこう言った。忍耐と辛抱強さは人間にとって最も重要だ。「どこに行っても、心を尽くして行動しなさい」という言葉も味わい深い。

私は常に人々にこう伝えている。「あなたが他の人よりもよく知っていると思う分野に投資した方がいい」。私の哲学は、孔子の哲学に通じるものがある。

「わかっていることを『知っている』という。わかっていないことを『知らない』という。これが「知る」ということだ」。孔子のこの言葉は、知っているものだけに投資すべきだという私の考え方に近いように思う。

孔子の言葉をもう少し紹介しよう。

「我々の一番の栄光は、失敗しないことにあるのではなく、失敗するたびに立ち上がる力にある」。逆境でも希望を捨てず、辛抱強くあり、自殺しようなどと決して考えるべきでない。

「人間は逆境において、その真価を試される。人生の達人は逆境を楽しみ、順境もまた楽しむ」

「成功者は必ず、その人なりの哲学を持っているものだ。その哲学がしっかりしているからこそ、成功者の人生は揺るがない」

「考えのない学びは、無駄である。学ばずに考えてばかりいては、危険である」

「ふるきをたずねて新しきを知る。そうすることで人を教える師となれる」

いずれも、危機に直面した時だけでなく、人生において道標になる言葉ばかりだ。

プラトンから学べること

ギリシャの哲学者プラトンはこう言った。

「何年も経ち、時が流れ、君の意見の多くがその逆になることもあるのだよ」。また「自分自身に打ち勝つことは、最高で、最も崇高な勝利である」とも語っていた。

プラトンは賢明な男で、その言葉は示唆に富んでいる。私はそれらを引用した。そして私がみなさんにできる最高のアドバイスは、繰り返しになるが、「あなたが多くのことを知っている詳しい分野以外に決して投資しないでください」ということだ。

何も理解せずに投資をしている人が、どれほど多いことか。毎日、インターネットの画面を開いて、投資先を選んで金融機関にお金を送っている。

彼らは自分たちが投資家だと言うが、自分たちがしていることを本当に分かっているかは疑問だ。彼らは何も知らない。私が今夜あなたの自宅の玄関に来て、ドアを叩き、「私の名前はジムです。1億円を投資しませんか」と言ったとしよう。あなたはおそらくドアを開けずに、警察を呼ぶだろう。

しかし、人々は毎日オンラインで多額のお金を送金している。彼らは投資信託を保有していると主張するが、誰がそれを管理しているかは知らない。彼らは投資信託についてほとんど何も知らない。

彼らは企業に投資するが、誰かから聞いた「良い投資先」の情報に従うだけで、実際には自分の頭で考えて投資していない。投資している対象について多くを理解していないのに、知らない人にお金を与えるべきではない。

プラトンはこうも言っている。「どれだけ知識を身につけたとしても、全知全能になることはできないが、勉強しない人々とは天と地ほどの開きができる」。

あなたは自分が投資する対象について、多くを知っていない限り、どこにも投資すべきでない。成功したいなら、知っていることだけに投資し、よく知らない相手にお金を渡さないでほしい。

毎日何百万人もの人々が何も考えずにオンラインで投資している。「Xという投資信託がいい」「いやYだ」などと彼らは言うだろう。実際のところ投資している商品の中身が何であるかを分かっていない人がほとんどだ。彼らは十分な研究をしないが、金融機関にお金を送金する。

ローマの劇作家テレンティウスの格言に「幸運は勇者に味方する」という言葉もある。それは正しいが、無謀では仕方がない。多くの情報を持っている方が、幸運を得やすいものだ。多くの研究をすればするほど、幸運は増していく。

40失敗しても、3つ成功すればいい

私はたくさんの失敗を犯した一方で、いくつかの成功を収めた。失敗も多かったが、成功は非常に大きいものだった。40の失敗を犯して、3つの成功を収めたと言っていいだろう。だが、これら3つの成功はとても大きかった。

投資の世界には「損失を減らして、成功を収めよ」という格言がある。この言葉は、40の失敗と3つの成功と同じようなものだ。3つの成功が素晴らしく、40の失敗による損失を補って、大きな利益を確保できたらそれでいい。

大きな成功を収め、その後に失敗した場合は損失を減らすことが大事になる。それが

投資の世界の鉄則だ。さまざまなチャレンジをしてたくさん失敗したとしても、大成功がそれを帳消しにする。

日本という国は人々を失敗させたがらない。すでに述べたように、バブル崩壊後の1990年代、日本は経営が立ちいかなくなった企業を簡単には破綻させなかった。人々が失敗を許さないカルチャーが日本にあるからだろう。

だから日本では「失われた10年」とも言われる経済の長期的な停滞が30年も続いている。日本人は失敗を恐れ、失敗することを望まないようにさえ思えるが、本当にそれでいいのだろうか。

日本には、失敗を恐れる文化が常に存在していたわけではない。戦国時代の武士たちは挑戦心にあふれていた。数千年の日本の文化を知っているわけではないが、相撲一つをとっても、成功した力士とそうでない力士がおり、横綱や大関といったランク付けがなされている。

つまり人々が失敗を避けようとするような考え方は、日本にずっと存在していたわけではない。私は失敗を恐れることが、常に日本の考え方の一部であったとは思っていない。しかし、私は挑戦することに消極的な文化が、現在の日本では広く普及していることを知っている。

米国には、かつてほどではないが、失敗を許す文化がある。米国の社会では失敗は正常なことであり、理解され、受け入れられてきた。最近は変化しているものの、伝統的に米国は失敗に寛容なことで知られている。

投資するチャンスの見つけ方

投資する際には、どのようなチャンスがあるのか。

例えば、政府がある問題を解決することを決めた場合、多額のお金を投じるケースがある。それは結果的に、誰かがたくさんのお金を稼ぐことを意味する。政府が正しいか間違っているかは関係ない。政府はたくさんのお金を使うので、関連する事業に携わる企業は利益を手にすることだろう。

それがポイントだ。誰かがたくさんのお金を稼ごうとしている。例えば、政府が「大規模な植樹をする」と言ったとしよう。するとさまざまな企業が「政府は木を植えようとしている。そのためにたくさんの予算がある。だったら木を持っている人々に我々が資金を提供しよう。植樹している会社を買おう」ということになる。

どの政府も、ある問題を解決することを決めるときは、間違っているのかもしれない。

それは問題解決ではなく、むやみに多くのお金を使うことになりがちだ。だから誰もがたくさんのお金を稼ごうと群がってくる。

私が注目していることの1つは、政府が「このような問題がある。この問題を解決したい」と言うのを知った時だ。そして、誰がお金を手に入れるかを考える。その後、利益を得られそうな会社に投資し、儲けの一部を手に入れようとする。

最近、ESG（環境・社会・ガバナンス）投資が話題になっているが、それが良いことかどうかは関係ない。間違いなく、誰かがたくさんのお金を稼ぐことになる。人々はESG経営を実践する企業は良いと言ってるが、彼らの言葉をそのまま信じるべきではない。

現実を見ないで、自分が好きなものや欲しいものにやみくもに投資しても、なかなか成功しない。あなたが望むものではなく、現実の世界に即した投資をする必要がある。例えば、あなたが空を青くしたいと願ったとしよう。空が本当に青くなり、そこに投資できれば素晴らしいのだが、それは世界のあるべき姿ではない。

自分がそうあって欲しいと願うもの、希望するものに投資するのは難しい。だから願望に投資しないでほしい。希望よりも、現実に対して、投資する必要がある。それこそが、あなたが成功する道だ。

日本は世界中のさまざまな国の中で、私が最も好きな国の一つだ。日本が大好きだが、借金や少子化など問題が多いため、今は日本に投資していない。

もちろん将来日本に投資しないという意味ではなく、機会があれば投資するつもりだ。私は日本が好きだからといって投資することはしない。日本が恐ろしい過ちを犯しているなら、いくら大好きでも決して投資しない。もちろん今回の危機で日本経済が崩壊したら、投資のチャンスが生まれるだろう。

自分の投資スタイルを身に付けよう

投資の世界では「流れに身を任せよ」や「トレンドを友とせよ」といった格言も知られている。こうした言葉を信じる人も多いことだろう。彼らはブームになっているものに飛びつくものだ。

しかし私はこうした流れに乗るのが苦手で、決してそうしない。投資家として知っておくべきもう一つのことは、自分のスタイルを見つけることだ。

投資する方法はたくさんある。例えば、すでに触れた100歳を超えるまで投資家として活躍したロイ・ニューバーガーは、素晴らしい短期トレーダーだった。彼は株式を

郵 便 は が き

料金受取人払

葛西局承認

2100

差出有効期間
2021年12月31日
まで（切手不要）

134-8740

日本郵便株式会社
葛西郵便局 私書箱20号
日経BP読者サービスセンター

『危機の時代』係 行

ご住所	〒□□□-□□□□　□自宅　□勤務先　（いずれかに☑印を） （フリガナ） TEL（　　　）　　—	
お名前	姓（フリガナ）	名（フリガナ）
Eメールアドレス		
お勤め先	（フリガナ） TEL（　　　）　　—	
所属部課名	（フリガナ）	

※ご記入いただいた住所やE-mailアドレスなどに、DMやアンケートの送付、事務連絡を行う場合があります。
このほか「個人情報取得に関するご説明」（https://www.nikkeibp.co.jp/p8.html）をお読みいただき、ご同意のうえ、ご記入ください。

より良い作品作りのために皆さまのご意見を参考にさせていただいております。ご協力よろしくお願いします。(ご記入いただいた感想を、匿名で本書の宣伝等に使わせていただくことがあります)

A. あなたの年齢・性別・職業を教えて下さい。
年齢(　　　)歳　　　性別　男・女　　　職業(　　　　　　　　　　　　　　)

B. 本書を最初に知ったのは
1. テレビを見て(番組名　　　　　　　　　　　　　　　　　　　　　)
2. 新聞・雑誌の広告を見て(新聞・雑誌名　　　　　　　　　　　　　　　)
3. 新聞・雑誌の紹介記事を見て(新聞・雑誌名　　　　　　　　　　　　　)
4. 書店で見て　5. 人にすすめられて　6. インターネット・SNSを見て
7. その他(　　　　　　　　　　　　　　　　　　　　　　　　　　　　)

C. お買い求めになった動機は(いくつでも可)
1. 内容が良さそうだったから　2. タイトルが良かったから　3. 表紙が良かったから
4. 著者が好きだから　5. 帯の内容にひかれて
6. その他(　　　　　　　　　　　　　　　　　　　　　　　　　　　　)

D. 本書の内容は
1. わかりやすかった　2. ややわかりやすかった　3. やや難しかった　4. 難しかった

E. 本書に対するご意見・ご感想、ご要望などありましたらお聞かせください。

ご協力ありがとうございました。

1時間、1日、数日といった、短い期間で取引をすることで儲けるスタイルだった。しかし私は短期取引が苦手だ。

私は投資家としての長いキャリアの中で、割安になっている投資先を見つけ、何年もそれを所有するのが最善であることを学んだ。誰もが自分の投資スタイルを見つける必要がある。

お金を稼ぐ方法はたくさんある。自分独自の方法を見つけ、それを追求したほうがいい。あなたが素晴らしい短期トレーダーなら、その手法を徹底的に研究して、道を究めるべきだ。

偉大なことは小さなことから始まる。それが成功の歴史だ。ナポレオンはフランス領のコルシカ島出身の小柄な兵士だったが、フランス史上最も偉大な将軍になった。ナポレオンは多くの小さな勝利を積み重ねて成長し、非常に大きな成功を遂げた。

投資だけでなく、人生において大事なことがある。あなたが仕事を探しているなら、最も多く給料を払ってくれる会社ではなく、自分にとって最適な仕事ができる会社を探した方がいい。お金は後からついてくるものだ。あなたに適した仕事を任せてくれる会社にいるならば、安い給料でキャリアを始めても問題ではない。あなたが優れているなら、上司や同僚がそれに気付き、きっと引き上げてくれるだろう。良い企業はみな、優秀な人材を欲しがっている。

あなたがお金を見つけるのではなく、お金の方があなたを見つけてくれるだろう。物事が本当に得意な人は少ない。自分の能力を磨き、ほかの人にないような専門性を身に付けようと努力した方がいい。

投資家でもスポーツ選手でも、どんな職業でもそれは同じだ。

世界は物事があまり得意でない人であふれている。歌でも、文章でも、リサーチでも、同じだ。あなたが何かが得意であれば、世界があなたを見つけるだろう。

19世紀の米国を代表する詩人であるラルフ・エマーソンはかってこう言った。「誰かがもし性能が高いネズミ捕りを発明すれば、それを買うために世界中の人々が殺到するだろう」。200年前はいいネズミ捕りが存在しなかった。

その後、いろいろなネズミ捕りが発明された。実際に以前よりも性能が高いネズミ捕りを発明し、お金持ちになった人もいる。それでもなお現在も、世界の人々はネズミ捕りを必要としている。

エマーソンが言ったように、あなたがもし非常に性能が高いネズミ捕りを発明すれば、今でもお金持ちになれるはずだ。あなたが良いネズミ捕りを開発できれば、お金の方があなたを見つけるだろう。

だから、あなたが何かについて得意であれば、お金の方があなたを発見してくれる。それでも、短期的なお金のために行動するという失敗をしないでほしい。長期的な視野に立って行動すれば、あなたはより多くのお金を得ることができ、大きな成功を収められる可能性が高い。

私は道を見出そう。さもなくば道を作ろう

「私は道を見出そう。さもなくば道を作ろう」というラテン語の言葉もある。カルタゴの英雄ハンニバルが、ローマを攻める際に、「象でアルプスを越えるのは不可能だ」と言われた際にこう答えたとされている。（編集注：ローマ時代の哲学者で劇作家の小セネカの作品の中で語られた言葉と伝えられている。16世紀の英国の哲学者で、法学者でもあるフランシス・ベーコンがこの言葉をモットーとしていた）。時代を超えて多くの人に愛されている格言だ。まさに私はこの言葉を自分の子どもたちに贈りたい。

米国を代表する投資家では、ウォーレン・バフェットが有名だ。彼は「世界のためにできる最善のことは、たくさんのお金を稼ぎ、それを与えることだ」と語ったとされている。

しかし私は人々に、自分のお金をどのように使うべきかを教えるつもりはない。他人にその人が持っているお金で何をすべきかを伝えるべきではないと思うからだ。もしウォーレンがお金をどう使うべきかを人々に伝えたいと思っているなら、それは彼の考えがあるのだろう。しかし私は、自分のお金をどうするかはその人の自由で、だれも口を出すべきではないと思っている。

それは傲慢に聞こえかねないからだ。間違いを犯したとしても、人々は自分のやりたいことにお金を使ったらいい。もしあなたが他の人に対して、手元にある資金で何をすべきかを伝えて失敗すると、彼らはあなたを責めるだろう。人々が間違いを犯すなら、そうさせた方がいい。私は他人に対して、自分が稼いだお金で何をすべきかを決して言わないようにしている。

借り手にも貸し手にもなるな

私も借金をしたことがないわけではない。しかしそれは住宅ローンだけだ。私は住宅ローン以外で、多くのお金を借りたことはない。私が借りた住宅ローンも、毎月小切手にサインするのが面倒だったので、前倒しで完済した。

「借り手にも貸し手にもなるな」という有名な格言がある。シェイクスピアの悲劇「ハムレット」に出てくる言葉だ。個人的なお金の貸し借りをすると、お金と友人の両方を失うことになる。お金を借りるのは、相手に自分はお金を管理する能力がないと言っているようなものだ。

経済的に頼ったり、頼られたりする関係が生じるのは、人間関係において良くない。だからお金を借りたり、貸したりしない方がいいのは間違いない。私はお金を借りず、お金を貸さない。

それが本当にいいかどうか、正直分からないが、これまでのところ、そのルールは私の人生において上手く機能している。

世界には、お金と適切に付き合えず、借金を適切にコントロールできない人々であふれている。家族の誰かが、お金を適切に管理しなかったために、一家がバラバラになったり、結婚が失敗したりして、人生が崩壊した人々を私は知っている。

彼らは借金を適切に返済できなかった。それはとても悲しいことだ。私は子供たちに借金を含めたお金の扱い方を教えている。子供たちが生まれたとき、お金を貯めることを学べるようにと、私は5つの貯金箱を用意した。

私は2人の子供たちに、お金を使うより先に、節約することを知ってほしいと思っている。それを学ぶことは本当に大事だ。子供たちが成長してお金を稼ぐようになって「節約の習慣が私を救ってくれた」と思ってくれることを、私は望んでいる。

子供たちがお金をもらった時はどうすればいいのか。私は娘たちに、「いったんお金を貯金したほうがいい」と伝えている。そうできなければ、子供たちは普段からお金を使いたいと思っているので、いつか問題が発生するだろう。

だから、お金は使うのではなく、節約することが大事だという基本をまず教えることが大事だ。もちろん、子どもたちは、将来、そのお金を使うことができる。ただし、自分が何をしているのかをきちんと理解し、お金の使い方をコントロールできるようになった場合に限るべきだ。

お金を正しく扱えないと人生は破滅する

私たちは、お金を正しく扱うことができなかった人々の人生が破滅することを知っている。

お金について理解できれば、何が起こっているかを把握できる。政治家や誰かの話を聞くときは、まずお金のことを理解したほうがいい。それがどこから来てどこへ行くのかを知れば、実際に何が起こっているのかをより深く理解できるようになる。テレビやインターネットを見ているだけでは、誰がお金をいくら受け取っているのか、お金はどこに行っているのかを知ることはできない。

お金についての最良のアドバイスは、お金を使うことよりも、節約することを重視すべきということに尽きる。もちろん、それはお金を使うなという意味ではなく、あなたが100台のクルマを所有できないということでは全くない。

100台のクルマを購入するのに十分な貯蓄と収入が得られれば、何の問題もない。しかし、最初にお金を自分のコントロール下に置いてから、好きなように使った方がいいのは間違いない。

若い頃、私がお金を稼ぎたかったのは、自由を買いたかったからだ。私はボートもクルマも欲しくなかった。ほかの多くの金持ちのように、飛行機や豪邸を所有したかったからではない。実際に私は、必要以上にたくさんのクルマを持っておらず、たくさんの家を所有しているわけでもない。私は自分の自由を買って思い通りに暮らしたかった。ただそれだけだった。

私は自由を望み、実際にお金を稼げるようになって、それを手に入れた。自由の一部は冒険でもある。私は世界中を長期間にわたって旅している。望んでいた自由を手に入れている。

私は今、自由に行動できる。世界中をバイクに乗って走ったり、シンガポールの自宅のいすに座って窓の外を眺めたりすることができる。時々、私は座って窓の外を見たくなり、たまに冒険をしたくなる。

お金持ちが不幸になる理由

お金持ちになった人々の多くは、残念なお金の使い方をする。彼らは、権力や名誉を得るために必要以上に多くのお金を費やしたり、宝石を手に入れようとしたりする。それらの多くは、幸せではなく、苦悩につながることがある。

もちろん、あなたがお金をコントロールでき、理解できている限り、それは問題ない。自分が好きなようにやればいい。しかしお金はあなたを成功させるだけでなく、あなたを破滅に導く可能性があることを覚えておいてほしい。お金は多くの人々の人生を台無しにする。

お金を求めて、多くの人が愚かなことをする。そして破滅するかもしれない。何より、お金を持っていると恐ろしいことに巻き込まれるリスクが増える。

ロシア政府のスパイとして活動していたロシア人女性が、ロックフェラー家の子孫に近づいていたことが、米ウォールストリート・ジャーナルで報じられた。

「自分はロックフェラー一族である」と人々に伝えると何が起きるのか。多くの人はお金を求めてくるか、何らかの魂胆を持って近づいてくることだろう。このためお金があるのは決していいことばかりではなく、むしろ人生が台無しにされる可能性があることを忘れてはならない。

お金を儲けるために、ウソをついて詐欺を働く人は、ほとんどの場合、ひどく苦しんで刑務所に行くか、さらに悪いことになる。だから、新聞を見ると、詐欺や強盗に関するニュースがいつも紙面をにぎわしている。私が住んでいるシンガポールの新聞を見ても、毎日のように、お金に関する深刻なトラブルに巻き込まれた人のニュースが掲載されている。

それは世界中できっと同じだろう。毎日すべての国の新聞で、お金のために問題を抱えていた誰かについての記事を見つけることができるはずだ。彼らは何らかの方法でもっとお金を稼ごうとしていた。もちろん、うまくいった事例もあるが、成功よりもきっと失敗の方が多いとを私は確信している。

誰もが自分の求めるもの、欲しいものを持っている。6つの家を所有している人を私は知っている。それが彼の欲しいものだ。私はそんなにたくさんの家を持っていない。私が欲しかったのは、モノよりも、自由だった。

このように誰もが自分のニーズを持っている。一部の人々は権力と地位を求めて、多くのお金を使おうとする。彼らは自分の財産より多くのものを欲しがり、借金をしてでも無理に欲しがるので、人生が台無しになることがある。

持っているお金以上のものを欲しがらない

私の考えはとてもシンプルだ。誰もが自分自身でお金をどう使うかを決めなければならない。困ったことになりたくないなら、あなたが持っている以上のお金を使おうとして、借金しない方がいい。

私たちはみな、たくさんのお金をいったん稼いだものの、すべてを失って、小屋のような家に住んでいる人々の物語をどこかで読んだことがあるだろう。私はそのようになりたくない。

世界はかつて金持ちだった人々であふれている。財産をすべて使い果たしたり、注意を怠っていたりして、すべてを失った人がどれほど多いことか。お金は非常に危険だ。

お金持ちになりたくない人はほとんどいない。神父や修道士、僧侶など、一部の人だけは例外かもしれない。しかし米国や、インド、ネパールには、非常に裕福な宗教家が存在している。

詩人や哲学者の中には、お金のことを気にしない人も多いだろう。それでもお金がほしい詩人もいる。洞窟に住んでいる仏教僧はお金を求めていないかもしれないが、中にはお金持ちの仏教僧もいるはずだ。大多数の人間は間違いなく、お金のことを気にして生きている。だから、ほとんどの人間にとって、お金との付き合い方は人生を左右する大事なことだ。

世界中の多くの国に同じようなことわざがある。「三代で家は傾く」といったものだ。一代目が苦労して財産を作り、二代目はそれを守って生活したものの、三代目が道楽にふけって、真面目に働かず、没落して財産を失ってしまうというものだ。

この格言は米国や英国だけのものかと思っていたが、どうやらそれは中国や日本にもあるらしい。三代で家は傾くという言葉は、かなり現実的で的を射ている。

いずれにせよ、移民としてやってくる人々は必死になって働き、自分も家族も豊かになろうと努力するものだ。移民は、国を富ませる力になる。それでもいったん成功した一族が豊かな生活を何世代も持続していくのは簡単でない。

経済、政治、社会の複合的な危機になる

今、世界で深刻な危機が起きている。それは新型コロナウイルスをきっかけにした経済危機かもしれないが、政治的な危機や社会的な不安も含めた複合的な問題に発展する可能性がある。

危機を克服する方法は容易には見つからないが、準備できることはある。変化は投資のチャンスであることも忘れてはならない。

私は、第二次世界大戦中の1942年に生まれた。それから多くの危機を経験してきたが、今回の危機は私の生涯だけでなく、ほとんどの人の人生の中で最悪のものになるだろう。

今回の危機が深刻になるのは、世界中で債務の水準が非常に高く、多くの国の中央銀行が金利をゼロにしているためだ。そのため、多くの人がたくさんのお金を借りている。好況が続いているなら、お金を借りていることは何の影響もない。自由にできるお金があるなら問題ないと多くの人は思っている。しかしひとたび危機が起きると、借金は深刻な問題につながる。

世界の気候は何千年もの年月の中で、大きく変わっている。科学的な見地に立つと、

氷山や木の年輪などを調べれば、それは分かる。世界は常に変化している。

本当かどうかわからないが、火星でも気候が変わり、ほかのさまざまな惑星において気候は変わるそうだ。だから想像できないような危機がやってくる可能性を常に考え、それに備えておく必要がある。

世界は多面的に読み解いた方がいい

私は歴史が好きで様々な本を読んでいる。問題は、一冊の本を読むだけでは、真実が分からないことだ。ある国が教えている歴史と別の国が教えている歴史を見ると、まったく異なる2つの物語になっている場合がある。

だから新聞と同じような読み方をする必要がある。私は、5カ国の5種類の新聞を読んで、総合的に世界で起きていることを分析することで、真実を把握しようとしている。

なぜそれが重要なのか。米国では、1941年12月に、凶悪で恐ろしい日本人が理由もなくハワイを奇襲してたくさんの人を殺害したと歴史の授業で教えている。そして、米国は「リメンバー・パールハーバー」と叫び、日本に反撃することを決めた。

しかし、米国が教えている歴史だけを学んでも、真実は分からないだろう。日本人は邪悪で恐ろしく、狂った人々であり、多くの米国人を殺したということを知るだけになるからだ。

逆に日本人は、米国人や英国人を「鬼畜米英」と呼び、目の敵にした。戦時中の教育では「米国人は悪魔」と教えていたようだ。すでに述べたように、「戦争の最初の犠牲者は真実である」という言葉は正しい。戦争になると、政治家は自国に都合のいいことを喧伝するようになり、真実は覆い隠される。

中国を初めて訪れた時もそうだった。米国では、中国は恐ろしい国だという情報にばかり触れていたので、私は死ぬほど怖かった。邪悪で血に飢えた共産主義の人たちばかりの国だと教えられていたので、飛行機が北京に着陸したときは、撃たれるのではないかと本気で心配していた。しかし実際に現地に行くと、戦争はなく、平和な国だった。

今では世界の大半の人々が戦争を覚えていない。首相のような政治家でさえも、本当の戦争を知らない。それはとても危険なことだ。

第二次世界大戦を実際に体験した人のほとんどはすでに死んでいる。私は1942年に生まれ、当時は戦争中だったが、幼かったので記憶はない。戦争が終わったとき、私は3歳だった。たとえあなたが今80代でも、戦時中は子供だったので、おそらく第二次世界大戦をよく覚えていないだろう。

くり返しになるが、誰もが戦争が始まるとそれが大好きになる。みんなが興奮し、戦争を愛する。「戦いに勝利しよう」「悪い敵を殺そう」「相手は恐ろしい人々で、死ぬべきだ」と人々を教育する。

どの国でも、敵に思い知らせてやれと、多くの人が声高に話すようになる。「戦争は6カ月で終わる。心配する必要はない。我々には偉大な兵士たちがおり、国民が支援するので、戦争はあっという間に終わる」と政治家たちも言う。歴史を通じて、世界中の国々で同じようなことが起きた。

誰もが戦争が始まると戦争を愛する。しかし、その後広島に行くと、戦争は良くないことがわかる。

1つの情報源に頼るべきではない

大事なのは、1つの情報源から歴史を読み解こうとしないことだ。

他の情報ソースを探し、それらの見方も知ることで、あなたは本当は何が起きているのかを知ることができる。

私は米ウォールストリート・ジャーナルや英フィナンシャルタイムズだけでなく、ほかの国の新聞も読んでいる。例えば、日本経済新聞の英語版（日経ウィークリー＝現Nikkei Asian Review）もある。私は1970年代に日経ウィークリーを読んでいた。複眼的な視点を持つことを私は重視している。

勝者が歴史を書くことを心に留めておくべきだ。それが歴史として人々に教えられる。米国で育った私は、「ある日、邪悪な日本人がやって来て、罪のないアメリカ人を殺し、街を破壊した」と教えられた。日曜日に野球の試合を見ていたら、突然、邪悪な日本人がハワイを空襲して、戦艦を沈めたといったたぐいの話だ。しかし私は、むしろ当たり前とされている歴史を反対側から見てみたいと思う。

さまざまな国に異なるバージョンの歴史がある。1つの歴史というものはそもそも存在しないことを理解した方がいい。

すべてが変化している中でも、変えてはならない非常に重要なルールもある。あなたは正直であるべきだ。それは正直ではない人がたくさんいることを意味する。しかし、不正直なことをする人も、賢い場合がある。そして、たくさんのお金を稼ぐケースもある。

彼らが同じ頭脳と同じエネルギーを、誠実な方法で使ったら、おそらくもっと多くのお金を稼げるもしれない。それでも彼らは一時的に成功していて幸せだが、将来刑務所に入る可能性がある。

銀行強盗をすることについて話しているのではない。お金を得るために詐欺を犯したり、不正なことをしたりする多くのずる賢い人々についての話だ。

自分の頭脳とエネルギーを活用し、正直な方法でお金を稼ごうとしていないとどうなるのか。ある日、捕まっても、捕まらなくても、通常は何かがうまくいかなくなるものだ。だから私たちは正直でなければならない。

あなたが誰かに何かをするつもりだと約束したなら、あなたはそれを実行すべきだ。生きていくうえで、人から信用され、信頼されることは大事なことで、それは常に変わらない。

子どもにお金の使い方を学ばせよう

失敗せずにお金持ちになるのは困難だ。もちろん親から財産を相続することもあるだろう。しかし多額のお金を相続した人は、自分がしていることを知らず、お金についても無知な場合が多いので、資産を失う可能性が高くなる。

自分の子供には若いうちにたくさんのお金を渡さない方がいい。私は子供たちにお金を渡す際はいつも注意している。彼女たちに、人生について自ら学び、世界がどのように機能するかを知ってほしいからだ。

21歳のときにたくさんのお金を相続した女性を私は知っている。彼女は最初「ムダづかいはしない」と言っていた。しかし3カ月後、彼女は狂ったようにお金を使っていた。彼女はすべてを使い果たし、すっからかんになった。

多くの人はお金について理解していない、お金と付き合うのは簡単ではなく、複雑だからだ。ほとんどの人はせっかくあるお金を台無しにするものだ。

私は長女が14歳のときに、将来、仕事に就かなければならないと伝えた。彼女に自分でお金と仕事について学んでほしかったからだ。そして、いったん人と約束したら、時間通りに行かなければならないことも教えた。

それでも多くの人は決してお金について学ばない。そのような人は成功できない。私は我が子にお金について学んでほしかった。娘は仕事をする必要はなかったが、ある日、「いい仕事を見つけた」と言った。

私は彼女がマクドナルドで働くのかと思ったが、そうではなかった。娘はシンガポールの学校に通っており、中国語が流暢なので、中国語を教え始めたのだ。

今では1時間に30ドルを稼いでいる。彼女は私よりずっと賢いのだろう。親ばかに聞こえるかもしれないが、私の子供たちは2人とも私よりもずっと賢いようだ。そして私は彼女たちが、今後もそうであることを望んでいる。

人生において失敗することは重要だ

私は2人の子供の親として、多くのことを学んだ。もちろん家族を持つことにより、私の投資に対するスタンスが変化したわけではない。

それでも間違いなく、さまざまな気づきを与えてくれている。子供たちは私よりもスマートフォンについてよく知っている。娘たちは、私が知らなかった新しい世界を教えてくれる。

子供がいなかったら、私は韓国のKポップの音楽に注意を払うことはなかっただろう。知らなければ、その世界に入っていくことはできず、投資もできない。

今、私はKポップに投資していないが、子供たちがそれを私に教えてくれたことで、さまざまなことに気づかせてもらった。韓国の音楽だけでなく、韓国ドラマが人気になっていることを知り、韓国について以前よりもさまざまなことを知るようになった。

自分が知らない世界に触れたことで、私は韓国とそこで何が起こっているのかをより理解できるようになった。世界についての異なる視点を気づかせてもらった。
現時点で、それが私の投資に直接つながっているかと聞かれると答えはノーだ。しかし、それは確かに、私が知っている世界を広げてくれた。

親は、自分の子供が失敗することを望まないものだ。しかし人生において失敗は非常に重要だ。私は子供たちが挫折したときは、「心配しないでいい」と伝えることにしている。私は子供たちが失敗したら、精一杯励まそうとする。

失敗は多くのことを教えてくれる。私の子供たちは幸せな環境におり、素晴らしいキャリアを築こうとしている。彼女たちは子供だが、大きな成功を収めている。彼女たちはいくつかの失敗を経験したが、あまりにも早く成功しつつあるかもしれないので、逆に心配している。

2人の娘たちが、私と一緒にいるのは、あとほんの数年しかない。彼女たちは大学に行く頃には、私のもとから離れていくだろう。遠くに住むようになると、私は彼女たちに影響力を持つことがほとんどなくなる。

それが世界の仕組みだ。だから私は、彼女たちがここにいる間、できる限りのことをしようと思っている。まだ10代だが、あっという間に大きくなって成人するだろう。成長すると、子供たちは私の言葉に耳を傾けなくなるだろう。

だから私は今、子供たちに大事だと思うことを伝え、いろいろなことを楽しんでいる。一緒に世界各地を旅行している。中国や韓国でスピーチする際に連れて行ったりしている。

「素晴らしいことだ」と多くの人が言ってくれる。私のそうした気質は、両親から来ていると思う。両親は多くのエネルギーを使って、私に接してくれた。人々が言っていることは本当に正しいのかを、私が自分の頭で考えるように仕向けてくれた。

当時、まだ若かった私の両親は、私が今しているのと同じように子供たちに熱心に話しかけていた。自分の思っていることや知ってほしいことを伝えようとした。

長女はわずか5年で21歳になる。本当にあっという間だ。だからそれまでに、できる限りのことを私はしようとしている。

準備ができていれば幸運をつかみやすい

私はとても忙しく、スケジュールは常にいっぱいだ。人々は私のスケジュールを見るとショックを受ける。70代でそのような生活を送っている人は少ないことだろう。1カ月の間に米国とシンガポールの間を2回往復したりしている。しかしそれが私の人生だ。

私は何もする必要がない。私はのんびりすることができる。韓国に行く必要はなく、モスクワに行く必要もない。それでも私はそうしたい。それが楽しいからだ。

私は多くのことをした。やりたいことばかりをやってきた。私は何かを考え、何かを実行しようと思ったら、そのために十分賢くありたいと思っている。

失敗するかもしれないが、少なくとも私は挑戦することができる。100歳になったある朝に目を覚まして「私は人生において挑戦したことがない」と言うよりは、何にでもトライして失敗したほうがいいだろう。

長期的な成功のために最も重要なこと

長期的な成功のために最も重要なことは何だろう。世の中には成功したい人がたくさんいる。

宿題が多ければ多いほど、幸運は増すものだ。あなたは研究すればするほど、幸運になるだろう。準備をすればするほど、運は良くなる。幸運は、よく準備した人のところに転がり込む。

あなたが何かについて十分なリサーチを終えている場合、今何が起こっているかを理解できれば、幸運をつかめるはずだ。私は断言できる。あなたがもし将軍で、自分が何をしているのかを本当に知っているなら、あなたは他国の軍隊に対して勝利することができる可能性が高い。

確かに世界には運がある。しかし、何かが起こったとき、あなたが準備できていれば、あなたは何をすべきかを知っており、おそらく幸運をつかむだろう。

巨大な地震が発生し、津波が襲ってきても、それがいつか起きる可能性があるとあなたが知っていて、準備できていれば、あなたは助かる確率が高い。準備ができていれば、何もしなかった人よりも、間違いなく幸運になれる。

第5章

私の生き方

米国の片田舎で育って学んだこと

私はアラバマ州の田舎のとても小さな町で育った。学校の成績はとても良かった。たぶんそれは私の両親のおかげだ。しかし、周囲には、私と同じような生徒はいなかった。私は1学年あたりの生徒数が40人という小規模な学校に通った。

そんな田舎の学校だったので、私の成績はクラスでトップだった。私の子供たちは、シンガポールにある何千人も生徒がいる学校に通っているので、1学年がわずか40人しかいない学校は想像できないだろう。

私はクラスで一番勉強ができたが、それは自慢にならない。多くの友達は勉強が得意でなかったからだ。私は学校のリーダーだったが、優秀だったわけではない。競争がほとんどなかったからだ。

とても小さな町で、近くに大きな都市はなかった。たくさんの人が住んでいる地域ではなかったのだ。

私たち兄弟は、父と母からさまざまなことを学んだ。振り返ってみると、両親は強い労働倫理を持っていた。私には4人の兄弟がおり、全員が働き者だ。全員が熱心に働き、決してあきらめない性格になったのは両親のおかげに違いない。

私自身は5歳の時に働き始めた。これは今なら起こりえないことで、とても奇妙に聞こえるかもしれないが本当だ。私が育った小さな町では何の不思議もないことだった。週末には野球の試合があり、そこでコカコーラを売っている女性がいた。観客はコカコーラを飲み、空き瓶を捨てていた。彼女は空き瓶を集めて返却しなければならなかった。そこで5歳の私は空き瓶を集めて、彼女に渡してお金をもらうことになった。今なら彼女は逮捕されるかもしれないが、当時は何の問題もなかった。

彼女は5歳の私に対して、労働の対価を支払ってくれた。彼女は野球の試合ごとに私が集めた空き瓶を買ってくれた。翌年から私は、自分でコカコーラとピーナッツを売る商売を始めた。そして、私は4歳の弟を雇って一緒に働いた。

5歳の私は従業員だったが、6歳になって弟を雇い、資本家になった。私は6歳にして起業家になったわけだ。それでも小さな町だから問題はなく、私にとっては商売とは何かを最初に知る貴重な機会となった。

コカコーラを売っていた女性は5歳の私にこう言った。「小さな坊や、ここに来て、仕事を手伝ってくれないかな」。どういう経緯だったかは今となっては覚えていない。

私は5歳だったので、気に入らなければ泣いて逃げただろうが、彼女はちゃんと私の仕事に対してお金を支払ってくれた。彼女はきっと良い従業員を見つけたのだろう。私は観客席の周囲を歩き回って空き瓶を拾った。空き瓶を見つけるのはそれほど大変ではなかった。

翌年、私はピーナッツを調理して、それを袋に入れて野球の試合に持っていき、コカコーラと一緒に売ることにした。父親からお金を借りて、ピーナッツを炒る機械も買った。炒ったピーナッツの方がおいしくてよく売れるからだ。私はそれらをすべて自分でやった。

ピーナッツはよく売れた。私は5年間ピーナッツを売り続けて、機械を買うためにかかった100ドルを父に完済した。その時点で、機械の代金を払い終えただけでなく、100ドルの利益も出ていた。

学校の勉強は私にとって簡単だったので、ピーナッツを売るための十分な時間があった。私はハイスクール時代には少なくとも3つのアルバイトを掛け持ちしていた。

宿題はとても簡単だった。先生は、他の子供たちにも宿題を出さなければならなかったので、難しい課題がなかったからだ。それでも地元の他の子供たちにとっては大変で、宿題を家に持ち帰らなければならなかったが、私はすぐに終えることができた。

授業でやるべき勉強が終わったら、次の科目の宿題も先に終わらせた。それは私が賢いからではなく、生まれ育ったのが非常に貧しい町で、相対的に勉強が得意だったからに過ぎない。

私にとって、勉強は簡単で、アルバイトで稼いだお金もあった。私は学校のリーダーだったが、それはほかに適任の人が誰もいなかったからだ。だから、私が学校のリーダーだったと言うときは、自慢しているつもりはない。

競争が少なければ、成功できる確率は高い

ここで学んだのは、競争がほとんどなければ、勉強でもビジネスでも成功する確率が高いということだ。私が投資する候補となる企業を分析する際に、最初に見ることの一つは、競争状況だ。競争が少なければ、そのビジネスは成功する可能性が高い。

私は幼い頃から働き始めたので、早くからお金について多くを学ぶことができた。小学生時代からお金を節約することを知っていた。成功したかったし、お金が欲しかった。だが、私の人生を振り返ると、モノを買うためのお金はそんなに欲しくなく、自由を買いたかった。やりたいことを自由にやりたかった。クルマやボートやガールフレンドは欲しくなかった。それよりも家が欲しかった。自分がやりたいことを自由にできる場所が欲しかった。

私は幼い頃から、読書が大好きだった。私は当時、学校にあったほとんどすべての本を読んだ。他にすることがあまりなかったからだ。一学年がわずか40人の非常に小さな町に住んでいて、世界について知るのは難しい。

高校時代にとりわけ好きだった作家は、チャールズ・ディケンズで、私は高校の図書館にあったディケンズの本をすべて読んだ。

下層階級の人物が主人公で、弱者の視点に立った物語が多かった。孤児のオリバーが苦労をしながら成功者になる『オリバー・ツイスト』、幼少期に辛酸をなめた少年が大作家になるディケンズの自伝的な小説『デイビッド・コパフィールド』、ロンドンとパリを舞台にした歴史小説『二都物語』など忘れられない本が多い。

とりわけ『ピックウィック・ペーパーズ』という小説が印象に残っている。主人公であるピックウィック氏が、ロンドンから遠く離れたさまざまな土地を旅行して回り、行く先々でトラブルに巻き込まれる話だ。たぶんこの本を読んだことが、私が旅行好きになったきっかけだろう。

私が子どもだった当時はテレビチャンネルが3つしかなかった。家にテレビはあったものの、あまり見る機会はなかった。我が家は新聞も購読していたが、それはアラバマの地元の新聞で、ニューヨークタイムズでなく、ウォールストリート・ジャーナルでもなかった。

ウォールストリート・ジャーナルに関しては、面白いエピソードがある。1974年のことだ。当時、私は32歳だった。私は母に電話し、「明日発行されるウォールストリート・ジャーナルを買ってほしい」と伝えた。一面に私の写真入りの記事が出ることになっていたからだ。

当時、アラバマでは、ウォールストリート・ジャーナルが1日遅れで手に入った。母は新聞を買って、私に電話をくれた。私は彼女にこう尋ねた。「一面に僕の写真が載ったんだ。どう思った?」。母はこう答えた。「この新聞はあまり読むところがないわね」と。私はこう言った。「ウォールストリート・ジャーナルは、米国のほかのどの新聞よりも発行部数が多いんだよ」。彼女はちょっと遅れてこう答えた。「私たちの町でその新聞を読んでいる人はほとんどいないのよ」と。私はそのような町で育ったのだ。

「世界を見たい」という強い願い

10代の頃、「世界を見たい」と強く願ったのを今でも覚えている。私は地元から誰も出て行かないような狭い世界で育った。それでも、何らかの理由で知り合った外の世界の人がいなくても、16歳のときには世界を見たいという夢を持っていた。

自分が見たい世界があることを知っていて、そのためには十分なお金が必要だとわかっていたので、いつもアルバイトをしていた。だから、私は一生懸命働いてお金を稼いだ。多かれ少なかれ偶然によって、私は有名な大学に行くことができた。私はいつも、自分にはもっと能力があると思っていた。

私は奨学金をもらってイエール大学に行ったが、それはアクシデントのようなものだった。私の町では、プリンストン大学に行こうとしている人が誰もおらず、イエール大学に行く人も誰も見たことや聞いたことがなかった。

イエール大学に合格した当時のことを今でも思い出す。私が地元に戻ってくると誰もが「どこの大学に行くのか」と聞いてきた。私は「イエールに行く」と言った。地元の人たちにとってこれは衝撃的だった。誰も考えもしなかったことだったからだ。

私は運が良かった。奨学金を得ることができたからだ。地元で所属していたクラブの奨学金に応募したところ、合格したのだ。それまで地元から、プリンストン、ハーバード、イエールのいずれも受験した人はいなかった。私だけが応募して、奨学金をもらった。イエールは通常なら生徒が来ないようなエリアから学生を採りたかったので、運よく奨学金がもらえたのだと思っている。

大学に入学する直前、私はイエールの入学事務局に行って、「どうやって合格できたのか」と聞いた。担当者は私のファイルを見て、「あなたはすべての科目で抜群の成績で、地元の学校で100人中1番だった」と言った。それが私の合格した理由だった。たった40人しかいない学校なので、おかしな話だ。

何かの間違いだと思い、私は不安になった。大学から電話がかかってきたら大変なことになると思い、「神様、私はどうしたらいいのでしょう」と叫びたい気分だった。私は町のみんなに「イエールに行く」と言っていたので頭を抱えたが、あきらめて地元に戻るという選択肢はなかった。なぜ合格できたのか分からないが、とにかく私は無事に大学生活を始められることになった。

忍耐して、粘り強く、勉強するのが大事

田舎の小さな町にいた頃と違い、名門であるイエールには全米から優秀な学生が集まってくる。それでも私は精一杯頑張って、あきらめなかったし、素晴らしい成績を得ることができた。

私はイエール大学以外に、もう1つの大学にも応募していた。その大学にも合格した

ので手続き費用となる50ドルを送金していた。その大学を受験する際に、私たちはイエールのことを忘れていた。その後、私はイエールに合格し、奨学金を得た。

私の父は非常に不幸だった。私が合格したもう1つの大学から50ドルを取り戻すことができなかったからだ。当時、50ドルは我が家にとって大金だった。私の両親は一定の教育を受けていたのでイエールが何かを知っていた。

もちろん、両親は私のイエール合格を誇りに思っていたが、混乱していた。地元の多くの人は私が同大学に合格したことの意味を理解していなかった。イエールについて全く知らなかったからだ。

私はイエールに行って、忍耐して、粘り強く勉強した。この経験は明らかに私の人生を変えた。私は17歳の時にイエールに行ったおかげで、今シンガポールにいる。

私の生まれ育った町で、イエールについて聞いたことがある少数の人々は、それが何であるかを知っていた。だが、私がそこに行くことは誰も想像できなかった。私がどこへ行ったのか、何をしていたのか誰も知らなかった。遠く、何百キロも離れていて、誰もそこに行ったことがなかったので、ただ混乱していたのだ。

遠くに行った方が、多くのことを学べる

イエールに入学した当時、私の同級生の多くは、裕福な家庭の出身だった。彼らは皆、私よりもはるかによい環境で育っており、多くは名門のボーディングスクール（寄宿学校）を卒業していた。

彼らはたくさんのことを知っており、ローマなどへの海外旅行を経験したり、ニューヨークに行ったりしており、世界を見ていた。彼らは、私よりはるかに優れた教育を受けていた。

私は地元に帰って「イエールで落第した」とは決して言えない状況だった。落第したというのは非常に恥ずかしかったので、辛抱して頑張った。

それでも私は大半のクラスメートと全く違う環境で育ったので、常に異なるものの見方を持ち、独自のアイデアを持っていた。

そこで私は地元から遠く離れることこそが最高の教育であることに気づいた。それは、私がオックスフォードに行きたいと思った理由でもある。

私は米国以外の大学にも行きたいと思っていたが、準備は不十分だった。本来、オックスフォードに行く資格はなかったかもしれない。しかし、人生には多くのアクシデントがつきもので、それがうまい方向に転ぶ時がある。

イエール大学を卒業した後、私は英国に渡り、オックスフォード大学に入学した。私はイエールに行ったことで、教育を受けることの最も良い利点は、遠くに行けることにあると気づいていたからだ。

私は自分の子供たちに、「どこでも好きな場所にある大学に行っていい」と言っている。大学に行くなら遠くに行かなければならない。私はオックスフォードに行くまでにそう気づいていた。もし私が国を出たら、きっといろいろなことがもっと良くなる、と。進学することで、ベトナム戦争のための徴兵を回避したいという思いもあった。

本当の理由は、私がイエールにいた時、ボート部に所属していたことにある。ボートの世界では、オックスフォード大学とケンブリッジ大学のボートレースが非常に有名だった。私はオックスフォードに行き、ケンブリッジとのボートレース対抗戦に参加したかった。

だから、オックスフォードに進学した。後で気づいたのは、ボートレースに参加したいと思っている若者は非常に多いことだ。競争は非常に厳しいことを知った。

みんながオックスフォードとケンブリッジのボートレースに出場したいと願っていた。「ああ、なんて間違いをしたんだ」と思ったが、私は運よくボートレースのメンバーに選ばれ、両大学の対抗戦に出場して勝つことができた。これは素晴らしい経験で、大成功だった。

私はイエールとオックスフォードで素晴らしい時間を過ごし、良い成績を修めることができた。最高の経験を得ることができたと言えるだろう。

オックスフォードで学んだこと

大学時代、私は歴史が大好きになった。イエールで歴史学の授業を受けて、それがとても気に入った。だから歴史を専攻することにした。

ただし、エンジニアリングは苦手で、興味がないことは分かっていた。私は外国語が苦手だったが、歴史が大好きで、今でも熱中している。つまり、18歳か19歳のとき、私は自分が本当に好きなものに出会った。私は今でも自分の子供たちにいつも歴史を読み聞かせている。

そして、私はオックスフォードの「ＰＰＥ（フィロソフィー・ポリティクス・エコノミクス）」と呼ばれる哲学、政治、経済学を学ぶコースに進んだ。当時は哲学があまり得意ではなかったが、今振り返ると人生において大変役立つものだった。

私は哲学の名誉博士号を持っているが、あまり頭が良くなかったので、たくさん勉強しなければならなかった。それでも成功したかったので、よく勉強した。

学位を授与されたときのことを今でも覚えている。オックスフォードでは、一番上のカテゴリー、2番目のカテゴリー、3番目のカテゴリーがあって、私は2番目だった。200年近く続く、オックスフォードとケンブリッジのボートレースは、テムズ川のほとりに毎年25万人が集まる国民的イベントだ。各ボートは「ブルーボート」として知られている。

学位を授与する教授は、私がこのブルーボートの漕ぎ手だったと知っていた。漕ぎ手に選ばれるまでには長い時間がかかる。通常は3年間かけて学んでいる学生が多いが、私はオックスフォードの2年制のコースだったので、彼は、私が短い期間でブルーボートの漕ぎ手に選ばれたことを知っていた。

彼はたぶん私がボートに熱中している愚か者だと思っており、頭脳を持っていることを知らなかった。しかし私は2番目のカテゴリーで修了したので、非常に驚いていた。

ウォール街で働くようになった理由

私がウォール街で働くきっかけは、イエール時代にあった。私は大学を卒業した後に、ロースクール（法科大学院）、ビジネススクール（経営大学院）、メディカルスクール

（医学大学院）のいずれかに進むつもりだったが、進路を決めかねていた。

そしてある日、イエールに、企業が学生を面接してリクルートするブースが出ていた。面接官はウォール街から来た金融関係者で、私はウォール街について何も知らなかった。しかし彼は私を気に入ってくれ、「夏休みにインターンとして働いてみないか」と声をかけてくれた。

ウォール街について知っていたのは、ニューヨークにあることだけで、1929年に何か悪いことが起きたことも聞いたことがあった。それだけだ。

それでも、ウォール街で働いてみることにした。オックスフォードに行った直後はロースクールに進むつもりになっていたが、インターンとして働いているうちにウォール街に恋をしてしまったので、そうしなかった。

オックスフォードを卒業した時点で、私は2回の夏休みをウォール街でインターンとして過ごしており、それが気に入ったので、できるだけ早く金融の世界に入りたいと思った。ウォール街はとても楽しかったからだ。

私はウォール街でインターンとして働くまでは、株式と債券はすべて同じものだと思っており、違いを知らなかった。私はウォール街で働くために新しいスーツを買い、金融の世界に飛び込んだ。

金融について何も知らなかったが、金融の世界で働くのは発見が多く、それは素晴らしい体験だった。そこは、世界で何が起こっているかについて調べると、私にお金を払ってくれる場所だったからだ。

今振り返ってみると、私の情熱と興味の対象は世界であり、そこで何が起こっているのかを知ることができ、給料まで支払ってもらえる場所がウォール街だった。

それは素晴らしい仕事だと心から思った。私の最初の仕事は非常に簡単なリサーチを行うことだった。私が大好きな世界について調べ、何が起こっているのかを理解したら、お金を稼ぐことができるとは知らなかった。

チリにはどのようなチャンスがあるのか。日本ではどのようにしたらお金を稼ぐことができるのか。知らないことばかりだったが、私は熱心に調査して、有望な投資先を見つけていった。

クォンタム・ファンドを立ち上げる

その頃に出会ったのがジョージ・ソロスだ。当時、私は仕事を探しており、知人から彼を紹介してもらった。彼は若いアナリストを探していた。彼は、私の能力と人柄を評価してくれ、採用が決まった。

その職場は、仕事をするのに大変魅力的な場所だった。本当に、とても楽しかった。それはまさに私がやりたかったことで、多くの楽しみがあり、いくつかの成功を収めた。その後、共同で立ち上げたクォンタム・ファンドは10年で4200％という驚異的なリターンを叩き出した。クォンタム・ファンドは多くの利益を得ることができ、私の懐も潤った。

しかし、私は1つのことに縛られず、常に複数の人生を経験したいとずっと思っていた。小さな田舎町で育つと、「ここにはずっといたくない、広い世界を見たい」と思うようになるものだ。

私はいつも人生において、さまざまな経験をしたいと強く願っていた。50年後も、投資関連の情報が流れてくるコンピューター画面の前に、同じように座っていたくないと思っていた。

だから私は1980年に、37歳で引退した。私は、より多くの冒険を求めていた。詳細は『冒険投資家ジム・ロジャーズ 世界バイク紀行』（日本経済新聞出版）に譲るが、世界中をバイクに乗って旅して回った。欧州、アフリカ、中国などを回り、現地で暮らす人々とその生活を見て多くのことを学んだ。

経営学より、歴史や哲学の方が人生に役立つ

投資に役立つのはビジネススクールで学ぶことではなく、むしろ歴史や哲学だ。私がウォール街で働いていた時に大事にしたのは、世界がどのように機能しているのかを知ることだった。歴史は物事が常に変化していることを教えてくれる。英国の栄枯盛衰や、連合国とドイツとの戦争などの事象と、その時、世界がどのように機能したかを知っていると、どう行動すればいいのかのヒントになる。

将来、何が役立つかは分からないものだ。私がイエールで歴史を学んだ当時は、ウォール街に行って金持ちになるとは思っていなかった。ウォール街については何も知らなかった。同様にオックスフォードに行ったとき、哲学に興味はなかったが、それはカリキュラムの一部だったので、勉強しなければならなかった。

私は政治と経済だけ勉強したかったが、哲学も勉強する必要があった。私は望んでいなかったが、哲学を学んでいたことは、その後の人生で非常に役立った。

歴史も哲学も勉強していた当時は全く気づかなかったが、後の人生に意味があった。それらは今考えるとすべて有用でとても役立っている。

哲学がいったいどうしてビジネスに役に立つのか。あなたは疑問に思うことだろう。

哲学を学んでいた際に、奇妙な質問をした人を覚えている。「太陽が東から昇ることを、なぜあなたは知っているのか」。太陽が東から昇るのは誰もが知っていて当たり前だ。だからこの質問を聞いた際に、私は「この男はなんてばかなのか」と思った。

しかし私は間違っていた。こうした物事の根源的、本質的な部分を熟考し、理解し、その理由を知ることは大事だ。その重要性を多くの人は理解していない。

もちろん哲学を勉強するだけでは十分ではない。あなたは人生において、自分自身や世界について、考え続けなければならない。そのようにして生き方を考えるうえで、哲学は便利な学問だ。

私は、哲学者とは時間をすべて無駄にする愚かな人間だと思っていたが、それは完全な間違いだった。物事の本質とは何かを考えることほど大事なことはない。

人生における最大の危機

私にとって最大の危機とは何だったのか。私は投資家としてのキャリアをスタートした非常に速い段階で、すべてを失ったことがある。それが危機であったかどうかは、当時の私はそもそもお金がなかったのでよく分からない。

それは1億ドル（約110億円）を失うような大損失ではなかったが、当時の私にとっては打撃が大きかった。私はすべてを失った。それは不愉快な経験だった。私はいったん大成功を収め、巨大な勝利を手にした。5カ月でお金を3倍に増やした。当時、私の周囲の多くの人が破産してすべてを失ったり、自殺したりしていた。企業も次々に姿を消していた。そんな時にお金を3倍に増やすことができたのだ。

しかし、その2カ月後、私はすべてを失った。そのどん底の経験から私は多くを学び、復活した。自分ではそれまで頭が良いと思っていたが、私は全くと言っていいほど頭が良くないという現実に気づいた。

その教訓は私の人生にとって非常に役立つものだった。次の危機が来たらどうすべきかという多くの教訓が得られた。つまり、危機を克服する方法、生き残る方法、勝つ方法を学んだ。

忍耐することを学ばなければならない。忍耐は、私が子供たちに教えようとしている最も重要な言葉である。忍耐し、あきらめない。もしあなたが成功したいならあきらめずに、前進を続けるべきだ。

第 6 章

世界はどこへ行くのか

混迷する世界の行方

危機に震える世界は、今後どこに向かうのか。大統領選を控える米国、景気の落ち込みが深刻な中国、英国が離脱するＥＵの今後など、注目すべきポイントは数多い。

新型コロナウイルスのパニックが起きるまで、米国人は、リーマン・ショックを超える危機が来るというシナリオは非現実的だと思っていた。米国は景気を下支えするために巨額の減税を実施し、中央銀行であるＦＲＢはたくさんのお金を印刷し続けていた。

この結果、株高が長期的に続いた一方で、米国は史上最大の赤字を抱えるようになっている。誰かがいつかこのツケを支払わなければならない。お金をばらまくことによって続いてきた宴はいつまでも続かない。新型コロナの問題が起きなくても、米国経済の崩壊は迫っていたのだ。

それでは２０２０年11月の米国の大統領選はどうなるのか。歴史上、現職の大統領が敗北することは非常にまれだ。敗北することもあるが、滅多にない。現職の大統領は選挙に勝つために、多くのお金を使うことができるので有利な立場にある。

野党は資金面で不利な場合が多い。このため、通常なら現職の大統領が再選を勝ち取る。ほぼ常に大統領は再選するので、トランプが勝利する可能性が極めて高いと思われていた。

しかし、経済危機が現実になったことで、状況は変わった。トランプの危機対応は上手くいっていない。経済が悪くなると現職大統領は選挙で不利になる。もちろん今でも私はトランプが勝つ可能性があると思っているが、選挙までに経済が悪化し続ければ、敗北する可能性もあるだろう。

ブレグジットは英国を苦しめる

欧州に目を転じよう。

ブレグジット（ＥＵ＝欧州連合からの離脱）を決断した英国の今後はどうなるのか。繰り返しになるが、私は海外に対してオープンであることが、国を繁栄させるうえで大事だと思っている。私が英国民なら、ブレグジットに反対票を投じただろう。欧州の状況を見ると、ＥＵもさまざまな問題を抱えているが、通貨のユーロは素晴らしいもので、自由貿易圏も経済にとっていいものだ。

しかしベルギーのブリュッセルにあるＥＵ本部には問題がある。それは悪夢だ。官僚主義で、情報が少なく、寄せ集めで、統制が取れていない。

EUから離脱する英国には課題が山積する

EUの官僚たちは規制をどうするかについてばかり話し合っている。英国がブリュッセルのEU本部の解体に投票できたなら、英国にとって素晴らしいことだっただろう。それは欧州全体にとってもきっと良かったはずだ。

それでも自由貿易圏に入っているのはいいことだ。英国はEUに留まるべきだった。これから加盟国の間にEUから離脱しようとする動きが強まるとしたら、ブリュッセルにあるEU本部の官僚的なやり方に問題があることを認識し始めているからだろう。ブリュッセルのEU本部は改革され、スリム化されるべきだ。

自由貿易圏は素晴らしいが、EUには官僚主義という課題がある。幸か不幸か、英国はEUから離脱することを決めた。それでも私は、ブレグジットが英国にとって良いことだとは思わない。

国家が解体される可能性

ブレグジットは英国を解体する可能性さえある。2016年の国民投票でEU残留派が離脱派を上回ったスコットランド。スコットランドでは、英国からの独立を望む人が多い。スコットランドには北海油田があり、独立派はそれを主要な財源と見なしている。イングランドが石油なしで生きていくのはハードルが高い。

北アイルランドも同じ国民投票でEU残留を希望する人が離脱派を上回った地域だ。北アイルランドは、今は南にあるアイルランドと別の国になっているが、両方ともEUに加盟していたのでスムーズな人やモノの行き来が可能だった。だが、ブレグジットにより、さまざまな不都合が生じる可能性があるので、北アイルランドは英国を離脱し、アイルランドとの統合に向かう可能性がある。

かつて北アイルランドでは、カトリック系住民とプロテスタント系住民が互いに憎み合っていた、だが今は2020年だ。両者の対立が激しかった時代とは異なっており、かつてと比べると統合の障害は少ない。

なによりブレグジットにより、ヨーロッパ大陸の人々は、ロンドンを拠点にビジネスをしようと思わなくなるだろう。「英国はＥＵから離脱する。だったらフランクフルト、アムステルダム、パリなどほかの都市でビジネスをしよう」と思う人がきっとたくさんいるはずだ。ロンドンは衰退するだろう。スコットランドが石油を奪っていったら、英国に何が残るのだろうか。

もちろんフィッシュアンドチップスは英国の名物として今後も残るだろうが、それは経済にとって何らプラスにならない。歴史を振り返ると英国は1つの国ではない時代が長かった。イングランド、スコットランド、ウェールズ、北アイルランドは歴史的に別々の国だった。

グレートブリテン及びアイルランド連合王国として英国という国が誕生したのは19世紀初めのことだ。スコットランドが英国から離脱するなら、きっと北アイルランドはアイルランドの一部になりたいと思うだろう。

チェコスロバキアがチェコとスロバキアに分裂して何かいいことがあったのだろうか。ユーゴスラビアに何が起こったのか。内戦でお互いを殺し合い、国土は荒廃し、国際的なプレゼンスも下がった。

もちろん英国に住むプロテスタントとカトリックの人々がお互いを殺し合うようなことはもはや起きないだろう。それでも、国家が分裂することは経済にとっては決してプラスにはならない。

エチオピアには多くの民族が住んでいるが、連合体として挫折しており、お互いが憎み合っている。ソ連も崩壊して分裂し、誕生した国同士は対立している。ロシアがジョージアに侵攻したほか、ロシアとウクライナも対立して、紛争が起きた。

英国の政治家はブレグジットに成功し、「ついにやったぞ」と喜んでいた。不幸なことに、彼らは誰かに腹を立てていた。その相手がEUだ。英国民はブリュッセルを非難し、自国の政治家を非難し、自分たちを救うために誰かに投票する。

EUから離脱する国が増えるリスク

欧州大陸の多くの国々の政治家たちは、英国と同じような道を選ぼうとするだろう。なぜなら、ブレグジットが成功したからだ。イタリア、フランス、スペインなど、さまざまな国で「EUから離脱しよう」と叫ぶ政治家はたくさんいる。そう唱えることで票を得ることができるなら、政治家がEU離脱を公約に掲げるのは当然だ。今後、EUから脱退する国が増えていく可能性がある。

今当たり前とされている世界は、15年後には全く違うものになっているはずだ。私たちが今信じていることは、真実でなくなるだろう。

1930年の日本を想像してほしい。1945年に国土が焦土化し、戦争に敗北している姿を誰が予測できただろう。タイムマシンに乗って1930年に戻り、当時の日本人に話しても、きっと誰もそれを信じないだろう。

揺らぐ金融センターの地位

ロンドンの地位はどうなるのか。ブレグジットによって、英国からスコットランドや北アイルランドが脱退すれば、混乱が生じるだろう。ロンドンはもはや、ビジネスをするうえで素晴らしい場所ではなくなるはずだ。企業は自社の拠点をアムステルダムに移転するか、それともベルリンに移転するかを検討することになる。

もちろんロンドン証券取引所の幹部は、「ブレグジットが起こったとしても、ロンドンは依然として金融の中心地であり続ける」と言い続けるだろう。

しかし私は、これが真実だとは思わない。欧州の金融の中心地がロンドンである必然性はないからだ。英国を去り、代わりに欧州大陸のEU加盟国のどこかに金融センターを置こうと考える企業があっても、何の不思議もない。

EU域内でビジネスをするためにロンドンに拠点を置いている金融機関なら、「英国が脱退するなら、ほかの都市に拠点を移そう」と考えるのは自然だ。

ヨーロッパの金融センターが、ロンドンからフランクフルトやアムステルダムに移らないという保証は何もない。英国の証券取引所の幹部の希望的な観測やポジショントークに耳を傾けるべきではない。その人は、それを言わなければならない立場だから、そう発言しているだけに過ぎない。

残念ながら英国には大きな負債があり、財政は悪化している。英国にはもう海外に輸出できるような多くの製品がない。英語という言語があるだけで、かつて製造していたクルマやオートバイもほとんどなくなっている。

英語という言語のおかげで教育だけは残っているが、産業という意味ではほかに見るべきものは少ない。英国は輸出産業としての農業も弱い。テクノロジーも国際競争力は明らかに弱い。

150年前の英国は、製造業を含むあらゆる産業で世界的に高い競争力を持っていた。造船、機械、鉄鋼、繊維……。すべての分野で英国は最先端を走っており、世界を席巻していた。しかし今では状況が完全に異なっている。

このため、ＥＵを離れることになった英国は難しい状況にある。スコットランドや北アイルランドが分離しなくても、英国には莫大な借金があるのが問題になる。彼らはもはや世界に売るものがない。原油は永遠に続くものではなく、ＥＶ（電気自動車）化が進むことで、自動車は今後ガソリンを消費しなくなっていく。

英国はかつて多くの産業を支配していた。銀行業と投資銀行業で圧倒的な強者だった。偉大な英国の商業銀行はもはや存在しないようなものだ。50年前には偉大な銀行があったが、もう残っていない。

グーグルとアマゾンが支えるスイスフラン

一方、ＥＵに加盟する多くのヨーロッパ大陸の国々も苦悩している。優等生とされてきたドイツでさえ、借金が膨らみ、金融システムに問題を抱えている。スイスでさえもそうだ。私が若い頃、スイスフランは健全な通貨の象徴だった。それは金に支えられており、誠実さと優れた頭脳に支えられていた。

現在、スイスフランはグーグルとアマゾンに支えられている。スイスの中央銀行は大量の米国株を購入した。グーグル、アマゾン、マイクロソフトなどだ。スイスの中央銀行は、米国のITの巨人たちの株を買っている（編集注：スイスの中央銀行は、2019年時点で2507銘柄、約912億ドル＝約10兆円の米国株を保有していると報じられており、保有額上位にはこれらのIT企業が名を連ねている。中央銀行が個別株を買うのは珍しく、その動きが関心を集めていた）。

だから、スイスフランは、株式市場に危機が到来すると大変なことになる。スイスフランがアマゾンに支えられているというのは驚くべきことだ。

誤解しないでほしいが、アマゾンは間違いなく良い会社だ。ただ私が指摘したいのは、アマゾンの株を保有するリスクだ。株式市場は常に崩壊するものである。

欧州で最も健全な国々は、ドイツ、オーストリア、オランダ、スイスとされてきた。しかし今では、それらの国々さえも経済に様々な問題を抱えるようになった。

スイスの中央銀行ですら、FANG（フェイスブック、アマゾン、ネットフリックス、グーグル）と呼ばれる米IT企業の株に投資する時代だ。かつて最も健全であるとされた国でさえも地獄に向かっているのは間違いない。ドイツにも銀行などの問題が山積している。もちろん、イタリア、ポルトガル、スペインなど、その他の欧州の主要国も軒並み深刻な問題を抱えている。

世界経済の重心は東へと動いていく

世界経済の重心は東へと動いていくだろう。私は中国とロシアに注目している。驚異的な埋蔵量の天然資源を持っているからだ。人口も多く、群を抜く規模の軍事力も保有している。

両国は東側世界に属しており、私はこの体制が特に好きなわけではない。それでも、私は地図を読むことができる米国人で、ロシアには巨大な天然資源があることが分かっている。中国の広大な国土と、巨大な人口と優秀な頭脳にも気づいている。

くり返しになるが、1919年の英国は世界で唯一の支配的な国だった。2番目の国は存在しなかった。米国は力を付けていたが、1919年にはそこまで強力な国ではなかった。

しかし2019年の英国は、たとえ崩壊していなくてもずっと衰退し続けていた。米国が経済的に世界のトップであることは明白だ。歴史を振り返ってほしい。1819年にオーストリア帝国は非常に強力な国家だった。1619年のスペインは、同国の王がポルトガル王も兼ね、世界中の植民地を支配していた。

かつてスペインは世界で最も豊かで最も素晴らしい国だった。彼らは世界中を航海しており、アメリカ大陸を発見した。彼らは世界の地理を変えた。そのような変化は、世界の歴史においてあまり起こらないが、スペイン人とポルトガル人は世界の果てまで航海して、世界の地理を変えた。

今、世界のほとんどの人はポルトガルについてあまり知らない。しかし16世紀はポルトガルが繁栄していた。ポルトガル人は陽気で金持ちで大成功していた。スペイン人もそうだった。両国は世界中に植民地を広げて、多くの国々を占領し、支配した。今でもアルゼンチンやペルーの人々がスペイン語を話し、ブラジル人がポルトガル語を話すのはそのなごりだ。彼らは日本語を話さず、スペイン語やポルトガル語を話す。

これが歴史の必然だ。好むと好まざるとにかかわらず、これが世界の仕組みである。だから、米国の繁栄はピークに達し、衰退していくだろう。誰かがそれに取って代わる。それは中国になると私は思っている。

もちろん100年後には、またどこか別の国が覇権を握っているだろう。200年後にも、また違う国が繁栄しているだろう。栄える国は時代によって異なるものだ。

欧州諸国は、コンパスを使って航海することを学び、世界を支配するようになった。彼らは帆船に乗り、銃を持って世界中の国々に現れて言った。「あなたの国は、今から私たちのものになる」。誰もがノーと言ったが、力には逆らえなかった。

一党独裁でも繁栄する国は多い

欧米には、一党独裁の国は成功しないという誤解がある。しかし日本は太平洋戦争後の70年以上にわたり、事実上の一党独裁だった。民主党（当時）が政権を握った時期もあったが、短命に終わった。私は一党独裁がベストだと言うつもりはないが、日本のように成功しているケースがある。

もちろん独裁が失敗するケースは少なくない。アフリカのコンゴはかつて独裁政権だったが、トップが愚か者で、経済は長年にわたって不振を極めた。一方、リー・クアンユーが率いていたシンガポールも一党独裁だったが、トップが聡明だったので大成功を収めた。

独裁という政治体制であっても、リーダーが優れた人物であれば、シンガポールのように成功し、そうでなければコンゴのような災害が起きかねない。

中国は伝統的に偉大な資本主義の国だった。共産党が政権を握った1949年から経済の自由化が始まる直前の1991年までの間だけが例外だ。中国は共産主義の国になってから、経済が成長しなくなり、停滞が続いた。旧ソ連が失敗したことがあり、誰もが共産主義に否定的になった。

しかし中国は一党独裁の共産主義体制を維持しながらも、経済の自由化を進めて、躍進した。北朝鮮も「中国のような金持ちの共産主義国になりたい」と金正恩（キム・ジョンウン）総書記が考えるようになったほどだ。中国人は共産主義者だが、今では世界最高の資本家でもある。

ロシアも投資家にとって魅力的な国だ。かつて私は、ロシアの将来に悲観的だったが、考えを改めた。歴史を見ると、ロシアの皇帝は気に入らない人を撃ち殺し、全てを奪うことができた。約100年前に共産主義の国となった後も同じで、独裁者が支配する国家となった。

しかし、4～5年前に変化が起きた。プーチン大統領は凶悪な犯罪者と呼ばれることにうんざりしたのではないかと思う。彼は旧ソ連の諜報機関である「KGB」の出身だ。ハリウッド映画に描かれているように、KGBはごろつきの暗殺者のようなイメージを多くの西側諸国の人々に持たれていた。

実際にはロシアは、外国および同国内の資本を、公正かつ適切に扱わなければならないことを理解するようになった。私の見解では、何かが起き、明らかにプーチン大統領の意識が変化した。

私は彼が素晴らしい男だと言っているわけではない。それでもロシアが抱える債務の比率は低く、巨大な天然資源もある。ロシアはチャンスが大きい国だ。

今、米国とその同盟国はロシアに制裁をかけている。化学・生物兵器の使用国として非難し、政府や組織、個人を対象とするさまざまな制裁を課してきた。

ロシアの農民がトランプに感謝する理由

それでも毎日、ロシアの農民は目を覚ますたびに、「ありがとう、トランプさん」と喜んでいることだろう。ロシアの農業は制裁のために、かえって活況を呈している。

ロシアは輸入に頼らず、自国で農作物を生産しなければならなくなった。このためプーチン大統領は農業を振興し、小麦、大麦、トウモロコシを大幅に増産。今では穀物の輸出国として台頭している。ロシアは2018年6月までの1年間に世界1位の小麦輸出国になった。

かつてロシアは世界最大の穀物輸入国だったが、様変わりしている。

旧ソ連崩壊後、一時は壊滅的な状況にあったロシアの畜産業も復活を遂げ、鶏肉や豚肉を輸出に回せるような状況になった。自給率を高める段階から、輸出を拡大できる状態にまで発展している。

だからロシアの農民はトランプに感謝していることだろう。彼らはみな米国などの経済制裁のために、金持ちになっているからだ。

ロシアは資産が多く、借金が少なく、賢い人々がいる。そして中国と良好な関係を築き、今やモスクワの中心部である赤の広場には、観光のために訪れるたくさんの中国人が長い列を作っている。ロシアでは中国語がブームになっており、話者も増えている。

ロシアと中国は手を携え、親しい友人になっており、一緒に多くのビジネスをしている。それは米国にとって良いことではないだろう。ロシアと中国はどちらも事実上の一党独裁の国家だ。ロシア人は自分たちの国が民主主義であると主張するが実態はそうではない。私たちは現実を正しく見る必要がある。

ロシアは借金が少なく、エネルギーが豊富なだけでなく、物価が安い。私は投資をするうえで、ロシアの魅力は増していると考えている。人々はロシアを嫌うが、私はこのような変化を評価している。

ロシアで革命が起きたのは100年以上前だ。レーニンらが革命を起こし、そしてスターリンが独裁的な力を持ち、ベルリンの壁が崩壊するまで、共産主義の独裁体制は変わらなかった。

冷戦時代は、東ドイツに住むか西ドイツに住むかで人々の生活は大違いだった。南べトナムか北ベトナムに住むか、キューバかフロリダに住むかは、そこに暮らす人たちの生活水準に大きな差が生まれることを意味していた。

人間は、経済的なインセンティブに基づいて、行動するものだ。逆にインセンティブがなければ、通常は何もしない。北朝鮮の金総書記は、経済的に豊かな韓国に住みたいと思っているかもしれない。誰も北朝鮮に住みたいとは思わない。経済的に恵まれていないからだ。それは人間の本性と言えるだろう。

資本主義には問題があるが、共産主義ほど生活が悪くないなら、人々がどちらを選ぶかははっきりしている。つまり経済が成功しているかどうかが大事なのだ。経済的に完全に失敗した多くの民主主義の国がある。ギリシャは民主主義だが、経済が破綻した。つまり民主主義だからといって、経済が成功するわけではない。歴史は常に変化している。過去を振り返ると、資本主義が支配的ではなかった長い期間があった。宗教が支配的な時代も、軍隊が支配的な時代もあった。日本でも軍部が政治を支配した時代があった。長期間にわたり鎖国し、外の世界に対してほぼ完全に閉じていた時代もあった。海外に対して門戸を閉ざす国の末路は悲惨だ。1962年、アジアで最も豊かな国の1つはビルマ（現在のミャンマー）だった。この年、ビルマではネ・ウィン将軍がクーデターを起こし、社会主義を掲げて、外国人を追い出した。

50年後、ミャンマーはアジアで最も貧しい国になった。外国人を追い出したからだ。それは民主主義の欠如とは何の関係もない。国を閉ざして、外資を受け入れなかったことが理由と言える。賢くない独裁者が国を支配したことが問題だった。

1957年に英連邦から独立した時点で、ガーナはアフリカで最も裕福な国の一つだった。後に初代大統領となったクワメ・エンクルマは、外国人を追い出した。国内経済への外国資本の介入を防ぐために、外国企業のガーナへの直接投資を禁止。経済発展のために必要な民間資本を海外から導入することが不可能になった。

10年後、ガーナは破産した。国が海外に対して門戸を閉ざして衰退した事例は、歴史の中で数多く目にすることができる。

アフリカで中国の影響力が増す必然

アフリカも変化を続けている地域だ。もちろん50カ国以上あるので、アフリカをひとくくりにして語るのは難しい。今、中国はアフリカで影響力を増している。

中国はアフリカ諸国の首脳を集めた会議を定期的に開催している。多くのアフリカ諸国の指導者たちはこの会議に参加するために北京に集まる。そして、多くの中国の指導者たちはアフリカ諸国を訪問する。

中国はアフリカで様々な経済プロジェクトを進めている。かつてアフリカの多くの国々を植民地化してきたフランスと英国の存在感は、今では非常に小さい。

今はどこでも中国人だらけだ。アフリカには膨大な量の天然資源があり、それを誰もが必要としているが、特に中国が虎視眈々と狙っている。

未来の素晴らしい産業の1つは、アフリカを訪れる中国人観光客向けの旅行ビジネスだろう。誰もがアフリカを旅行する際に安全かどうか気にしている。こうした中国人を安全にアフリカに連れて行くことができるなら、あなたは大金を稼げるだろう。

中国はアフリカで鉄道を建設しており、港も建設している。しかしながら米国はアフリカに鉄道を建設しておらず、英国もインフラを整備していない。英国がアフリカに鉄道を建設したのは、100年以上前のことだ。

そもそもアフリカの国境線は奇妙な形で誕生した。1884年にドイツのベルリンで会議が開催され、14のヨーロッパの主要国が参加した。英国、フランス、ドイツ、ベルギーなどが集まり、アフリカの地図を見ながら、「みんなで分割しよう。私はこの国にする。あなたはこの国を取っていい」と言って、アフリカを分け合った。ここに境界線をつくろう。これはスーダンで、あれはアンゴラ、それはコンゴといった風だった。

彼らは自分たちが何をしているのか理解していなかった。アフリカに住んでいるさまざまな部族や言語の違いなど何も気にしていなかった。当時、アフリカに住んでいた人たちは、自分たちの運命が、はるか彼方のベルリンに集まっている白人たちの手に握られていたとは、夢にも思わなかったことだろう。

外国人が勝手に決めた国境線

第一次世界大戦中の1916年、中東でも同じことが起きた。英国、フランス、ロシアの間で、オスマン帝国の領土を分割する秘密協定が結ばれたのだ（編集注：サイクス＝ピコ協定を指す。ロシアは1917年に革命が起きて、その後ソ連が成立し、実際には領土を獲得できなかった）。

住んでいる人たちに何のことわりもなく、勝手に国境線を引き、この国はイラク、この国はシリアなどと決めていった。現在のイラクの地域に当時住んでいた民族グループはお互いを嫌い合っていたので、ばかげた行為だった。

それでも英国とフランスなどは自分たちで境界線を引いて、「これでいい。問題ない」と言った（編集注：イラクとトルコ、シリアにまたがる地域に居住するクルド人問題の起源はここにある。英国は同時に、パレスチナにユダヤ人居住地をつくるというバルフォア宣言や、アラブ国家の独立を約束するフサイン・マクマホン協定も結んでおり、「三枚舌外交」と批判された。英国の身勝手な外交は、後のパレスチナ問題にもつながっている)。

これは100年も前に、現地に住んでいた人々と全く関係のない欧州の覇権国によって定められた取り決めで、現地の人たちは今もその代価を払わされている。

アフリカ諸国は、今は独立しているが、国境は当時と同じだ。アフリカの国境は、ベルリン会議の頃からほとんど変わっていない。それらの国境はアフリカの人たちと全く関係がない白人たちによって定められた。

薄れゆく欧州との絆

しかし、アフリカは変化している。今、中国人は現地で、家電から日用品まであらゆる種類の製品を販売し、インフラを含めた多様な投資を行っている。

中国が建設している鉄道は、少なくとも生産的な資産だ。アフリカ諸国は、鉄道建設のための借金を返済できないかもしれない。しかし、たとえアフリカ諸国の政府が鉄道を手に入れることができなくても、中国人は幸せだ。巨大なアフリカ市場を握ることになるからだ。

それでも私は、2025年にアフリカが中国の植民地になっているとは思わない。しかし、アフリカにおける中国の存在感はいやおうなく増している。それが今起こっていることだ。中国にはお金があり、アフリカ諸国の首脳をしばしば北京に招待しているので、彼らは中国の言葉に耳を傾け、楽しい時間を過ごしている。

このため2025年には、今よりもはるかに多くのアフリカ諸国の人が、英国、フランス、米国よりも中国に関心を持っているだろう。25年前に西アフリカ諸国に行ったら、多くの国々で、大臣が黒人であっても、オフィスにはフランス人がいた。そこにいたフランス人たちが大臣の仕事の手助けをしていた。例えば保健大臣の隣では、フランス人の医師が働いていた。

それはフランスが西アフリカを支配した時代の残滓だったが、すべて過去の話だ。今はそうではない。おそらく中国人がフランス人の代わりに、様々なアフリカ諸国の政府に食い込んでいることだろう。

私は中国人はたぶん賢いと思っている。かつてアフリカの多くの国を支配していたフランス人や英国人のように、力によってアフリカ諸国を支配しようとしていないからだ。

「一帯一路」という巨大経済圏の構想を中国は掲げている。しかし彼らは500〜600年前のスペイン人やポルトガル人のように、新大陸を発見して世界の地理を変えたわけではない。

200年前に鉄道が誕生して、地理が完全に変わったことを覚えておくべきだ。米国にはシカゴという都市がある。まさに鉄道の発展に合わせて大きくなった街だ。鉄道がなければ、シカゴのような大都市は誕生しなかっただろう。鉄道がシカゴを作った。

現在、中国の一帯一路は、地域の交通を変え、おそらく世界を変えている。こうした変化は、歴史上あまり起こらない。しかし一帯一路が進展すれば、私たちが知っている世界のあり方を完全に変えるだろう。取り残される国々や人々も存在するだろうが、19世紀のシカゴのように発展する地域も出てくるだろう。

中国から欧州までを結ぶいずれかのルートが、新しい支配的なルートになるだろう。これは非常に強力なものになる。中国には、お金がたくさんあり、ビジョンがあり、自分たちが何をしたいかを知っているからだ。シカゴは偶然生まれた街かもしれないが、今でも存在する。鉄道がそこに敷設されたからだ。

「一帯一路」のために、中国から投資を受けたい国々の行列ができているような状況が生まれている。そのアイデアに協力する国は、中国による経済的な支援を受けることができる。

衰退しても復活した例外的な大国

中国を除いて、かつての英国や現在の米国のような覇権国になる可能性を持つ国は存在しない。16世紀のスペインのようになれる国はほかにない。それが日本だったらいいのに、と日本人は思うかもしれないが、不可能な話だ。借金漬けで高齢化が進む日本の未来は明るくない。

実際、中国は素晴らしい国だ。いったん衰退して再び強力なパワーを持つようになった歴史上唯一と言える国であり、再び覇権を握ろうとしているように思える。中国は再び世界で最も支配的な力を得る可能性が高い。

米国は多くの分野で支配的な存在になっている。米国はサッカー王国ではないが、バスケットボールを支配し、野球を支配した。産業を見ても、米国はＩＴなど実に多くの分野を支配している。

もちろん中国が強くない分野もあるが、多くの分野で圧倒的なパワーを持ちつつある。ロシアも力のある国だが、21世紀には中国以外に新たな覇権国になりそうな国はない。

香港の暴動は自滅につながる

2019年には香港の民主化運動で暴動が発生して同地域の経済が麻痺し、先行きへの懸念が高まっていた。英国が中国と香港の返還協定を結んだとき、「香港は1997年の返還から50年間、以前の制度を続けることができる」ことが決まった。いわゆる一国二制度である。中国は2047年まで共産主義のシステムを香港に導入しないことを約束した。

しかし2019年に逃亡犯条例改正案が香港で提出されると、猛烈な反対が起きた。香港は米国や英国など多くの国々と結んでいる身柄引き渡し条約をやめると言ったのではないが、香港の人々はそう思わなかった。民主主義と自由は、誰もが好む素晴らしい言葉だ。自由に反対したり、民主主義に反対したりする人はまずいない。だからこそ香港に住む多くの人々は自由が制限されることへの懸念を強めたのだろう。

人々が不幸なときはいつでも暴動が起きる。香港だけでなく、フランスでも街頭で暴動が起きている。世界中で経済が減速しているため、さまざまな場所に不幸がある。だからこそ人々は通りに出て、抗議するのだ。

中国経済も減速している。私は2018年に中国を訪れた。欧米諸国の人々は、中国の政治家は悪だと思っているかもしれないが、北京の政府が香港の制度について何かを変更しようとしたのなら、それは非常に小さいことだ。

私が見る限り、中国の経済運営はこれまで素晴らしいものだった。一方、香港は自滅的にすら見える。香港経済が衰退すれば、上海が経済拠点としてより重要になるはずだ。だから中国本土にとっては良いことと言えるかもしれない。香港に近い広東省の深圳も存在感をより高めるだろう。

日本人、ドイツ人、米国人などで、会社を移転させたり、アジアに拠点を置いたりすることを考えている人は、香港を選択肢として考えないようになる可能性がある。

2年前なら、香港、シンガポール、東京を検討したかもしれない。だが、香港はもう進出先の候補ではなくなりつつある。過激なデモが起きても香港は破壊されていないが、香港のさらなる衰退を加速させるだろう。

香港が崩壊することはないが、人々が香港に行かなくなるので、将来は暗いものになりそうだ。香港に問題があることはみんな知っているので、誰も選ばないようになる。香港はかつて製造業と金融機関にとって魅力的な場所だったが、中国本土ははるかにコストが安い。だから国境を越えて深圳を目指す企業が増えた。上海もビジネスに最適な都市だ。香港のデモは、同地域の自滅につながるだろう。

インドの先行きに悲観的な理由

インドの先行きに関しては、期待が大きかった時期もあったが、私は悲観的だ。そもそもインドの経済は非常に制限され、規制が多い。例えば、農民を保護しており、地域によって制度は違うものの「5ヘクタール以上の土地を所有することはできない」といった規制がある。インド政府は農民を保護することが大事だと考えている。

しかし最大で5ヘクタールの土地しか所有できないインドの農民が、10万ヘクタールの広大な農地を持つオーストラリアの農民と競争できるのか。極めて難しいと言わざるを得ない（編集注：ニッセイ基礎研究所の2019年の調査レポートによると、インドでは、2ヘクタール未満の農地しか持たない小規模農家が全体の85％を占めている。農業経営体1件あたりの農地面積は全国平均で1・08ヘクタール〈2015年度〉しかなく、日本の2・98ヘクタール〈2018年〉をも下回っている）。

5ヘクタール未満の農地を耕す人が、金持ちになるハードルは高い。貧しい零細農家が多いため、インドの農民の生活は苦しく、自殺者も多くて、社会問題になっている。

彼らは生活が苦しく、借金を抱えてにっちもさっちも行かなくなって、命を絶つ。インドの農民は多くの借金を抱えている。彼らは農業でお金を稼ぐことができないので、銀行からお金を借りて、来年は良くなると言い続ける。すると借金はより膨らんでいき、ますます返済が難しくなって、生きるのが大変になる。それが高い自殺率につながっており、それがインドの現実だ。

私はインドに投資するつもりはない。かつて何度かインドに投資したことがあるが、実りがなかった。今後チャンスが来るかもしれないが、インドの株式市場は割高な状態が長く続いていた。だから、私はインドに投資していない。

そして、私はインドのモディ首相の大ファンではない。モディ首相は大きな評判を得たが、実際には何もしていないに等しい。確かに宣伝は素晴らしい。彼はインドのトイレをきれいにした。しかしインドの通貨であるルピーは外貨と交換しにくい。市場は管理され、閉鎖的だ。しかもインドでは官僚主義が恐ろしいほどはびこっている。

米ウォルマートの話を聞いたことがあるだろうか。ウォルマートは中国に数百の店舗を出店しているが、インドにはない。外資は地元の小売業者を危険にさらすとインド政府は考えている。

外国の小売業がインドに進出するのはリスクがある。インドでは小売業に外国資本の企業が入れないようにしている。いい加減にしてほしい。本当におかしなことを言っている。インドでは、「外国の小売業者は危険」とされているのだ。

日本の小売業も外資に対して閉鎖的だった。おそらく20年前までインドと同じような状態だった。私は日本も外国人が好きではなかったことを知っている。日本もコントロールされ、閉じられた市場だったが、変化している。インドは日本と違い、今でも外資に閉鎖的だ。そのような国に投資するのは非常に難しい。

朝鮮半島にはチャンスがある

私は米国人なので北朝鮮に投資することはできない。しかし金正恩（キム・ジョンウン）総書記は、同国を変化させようとしているので、素晴らしいチャンスが生まれそうだと思っている。

金総書記は北京に行き、中国の経済発展に目を見張った。「北京でいったい何が起こったのか。これだけの変化は信じられない」と思ったことだろう。

しかし北朝鮮に戻ると現実が待っている。ここでは何も起こらなかった、と。金総書記はきっと知っている。中国人観光客やロシア人観光客がやってくるので、彼らが豊かになったことを北朝鮮の多くの人が知るようになった。だからこそ、金総書記は同じように改革開放の路線を進めることで、北朝鮮の経済を発展させたいと考えている。

韓国の文在寅（ムン・ジェイン）大統領は、北朝鮮との対話に積極的で、将来的には両国が統一される可能性もあるだろう。もちろん南北がすぐに統一されることはなく、ハードルもあるが、期待していい状況だと思っている。

本当の問題は米国にある。米国は韓国に陸軍と空軍を中心に3万人の軍隊を駐留させており、軍事的な重要性がある韓国から去りたくないと考えている。韓国は、米国が中国国境とロシア国境に近いエリアに軍隊を駐留させることができる唯一の場所だからだ。だからこそ、駐留費の負担などで韓国政府にいろいろ注文を出しているが、本当は去りたくないと思っている。

在韓米軍が韓国から去ろうにも、日本や台湾は、韓国の代わりにはならない。米軍が同盟国を守ることができる置きかえがきかない場所が韓国なので、それが問題だ。しかし、韓国の文大統領と、北朝鮮の金総書記が統一を視野に入れている以上、チャンスがあると私は考えている。

北朝鮮と韓国がにらみあっている38度線が開放されると、今後10年または20年の間、非常にエキサイティングなことが起きるだろう。ドイツやベトナムの統一は、経済の活性化につながった。朝鮮民族は、南北朝鮮と中国に住んでいる朝鮮族を含めると約8000万人に達する。彼らには宗教的な問題はない。

朝鮮半島にほど近い、ロシア極東の中核都市であるウラジオストクも非常に刺激的な場所だ。プーチン大統領が鉄道に投資するなど、多くの理由からウラジオストクは非常に可能性がある。彼はウラジオストクを発展させるだけでなく、現地に世界有数の大学を作りたいと考えており、そこに多くの投資をしている。多くの中国人、韓国人、日本人がウラジオストクを訪れている。30年前、ウラジオストクは秘密の都市で、外国人は訪れることができなかったが、今は許可されている。

もちろん西側社会からロシアは嫌われ、中国も嫌われている。それでも私はむしろ両国にチャンスがあると考えており、積極的に投資したいと思っている。

ほかの地域では、ミャンマーも良くなるだろう。ウズベキスタンも劇的に変化している。韓国やベトナムほどの規模はないが、良いことが起きている。イランにも問題はあるものの、投資のチャンスはありそうだ。

危機が起きて、株価が大幅に下落するとチャンスが生まれる。最近まで私は米国株の購入を考えていなかった。過去最高値だったからだ。日本も同じような株高が続いていた。しかし今、環境は大きく変化している。

高いものを買って高く売るのが得意な人もいるが、私はそれが得意ではない。だから、私はめったにそのような試みをしない。変化が起きていると思う場所で、価格が非常に落ち込んでいるものを買いたいと思っている。ある商品の価格が大幅に下落していて、変化があれば、通常はお金を稼ぐことができる。

日本はどうすべきか

日本はどうなるのか。子どもたちの幸せを考えれば、私は日本に住んでいる人は海外への移住を考えるべきだと思う。移住すべき先は米国ではない。外国人を受け入れなくなった国は衰退する。

日本は少子化に悩んでいる。たくさんの赤ちゃんが生まれなければ、日本の人口は減少するが、すでに減少が続いている。それでも債務は増えていく。日本が置かれた状況は深刻で、将来について非常に否定的にならざるを得ない。

問題解決の方法は2つある。膨れ上がる一方の借金に歯止めをかけて減らす。そしてより多くの移民を受け入れることだ。日本は外国人が好きではないが、それでは日本は衰退してしまう。

これは私の意見ではない。数字に基づいた単純な事実であり、非常にシンプルだ。赤ちゃんを産む人が減っている事情は理解できる。子育てには非常にたくさんのお金がかかるからだ。

日本に限らず、多くの先進国で同じ問題が起きている。シンガポールでも、韓国でも、欧州でも状況は似ている。教育を受けて、仕事を持っている女性は子供を多く持ちたがらない。こうした問題を解決する手段の1つが移民の受け入れになる。

イノベーション＝技術革新は多様性から生まれる。みんながクレイジーなアイデアを持っていると、ユニークなイノベーションが起きやすい。多様なバックグラウンドの人々が集まれば、異なるアイデアが生まれやすいのは当然だ。多様性があれば、それがイノベーションにつながる。

大学のような教育機関でイノベーションを教えるのは難しい。普通はうまくいかないものだ。大学よりも、両親から何かを学んだ方がいい。私は子供たちにさまざまなことを教えている。もちろん多様性があっても、驚くようなイノベーションが起きるのは稀なことだ。

私はかつて日本のテレビ番組に出演したことがある。司会者は、日本には赤ちゃんも移民も少ないと話していた。私は、「日本人は外国人が好きでない」とコメントした。しかしその司会者は、日本の女性は外国人が好きだと答えた。

外国人が好きな日本人もいるが、大半の日本人は外国人があまり好きではない。

「我々は外国人が好きだ」と言っても、当時の日本で、ＡＴＭを使おうとすると、外国で発行されたカードが使えないものが目立っていた。最近は東京五輪に向けて状況は変わっているかもしれないが、海外のクレジットカードでさえも使いにくくて驚いたことがある。

農業にはチャンスがある

私が日本で有望だと考えている投資分野は農業だ。日本の農業従事者の平均年齢は67歳（２０１８年時点）と非常に高い。世界的に見ても、農業に関心を持つ人は少ない。米国では農業を勉強するよりも広報・ＰＲの勉強をする人が多いほどだ。英国でも農業従事者の自殺率は高く、関心は低い。インドでも、借金を苦にした農業従事者の自殺率が高くて、社会問題になっている。政府が農民の借金の帳消しを約束するケースが出ているほどだ。

もちろん私は農場を購入して農家になるつもりはない。私は怠け者で、農業に向いていなさそうだからだ。

問題は、人口が高齢化しているために農業従事者が足りなくなることにある。日本は農業分野で技能実習生という形で外国人を受け入れるようになっているが、まだ限定的であり、人手不足を解消できているとは言えない。
日本が得意とするロボット技術をもっと活用すべきだろう。ロボットやドローン、AI（人工知能）を活用して、農業にイノベーションを起こせば、ビジネスチャンスは大きいはずだ。

外国人に門戸を開かない国は衰える

強くて偉大な国は移民に支えられて繁栄してきた。ローマ帝国が良い例だ。中国の王朝も外国出身の有能な人材を登用し、国家の発展と統治に利用した。ローマ帝国では、外国人が市民権を得て、元老院の議員にもなれるようにしていた。ローマの強さは多様性にあったという意見に私は同意する。

移民がやってくる国には何が起きるのか。自分の国を捨てて、移住してくる外国人は必死になって働き、豊かになろうとする。子供を育て、良い教育を受けさせようとし、お金持ちになりたいと強く願う。またクルマから洋服、食料品までさまざまなモノを買い、貯蓄して、家を買うために住宅ローンを借りる。

好き好んで海外に移住しようとする人は普通ならいない。自分がもともと住んでいた国で良い人生を送れるのに、すべてを捨てようとする人は珍しい。もっと豊かになりたい、幸せになりたいと考えて、人々は他の国に移住する。

だからこそ、人々が逃げ出していく国は衰退する。

衰退する国は、たいてい同じような道筋をたどる。国民が怠け者になり、身の丈に合わない額のお金を借り、働きたがらないようになる。

国家の繁栄は永遠には続かない、そして通常、人々はもっとお金が儲けられそうな国に移住したいと願う。だから、豊かな国が移民を引きつける。世界中の多くの人々が、今でも米国に行きたいと思っている。米国には今でも「アメリカンドリーム」が存在し、お金持ちになれる可能性が高いと思っているからだ。

米国に移住したい人はいったん住み始めると米国から離れたがらない。もちろんそれは米国の経済が破綻すれば変わるだろう。しかし、今は人々が金持ちになれると思う場所で、移民が流れ込む場所であり、それが米国の繁栄を助けている。

歴史の中でこれまで繁栄してきた偉大な国を振り返ってみよう。

ローマ帝国は当時の世界中から人々を引きつけた。彼らは世界を手中に収めていた。もちろん彼らはインターネットを持っていなかった。当時は航空機が存在せず、ローマ帝国が各地に張り巡らせた道路網を使い、人々は移動していた。

時代が違っても、移民がやってくる国が栄えるのは歴史の必然だ。より豊かな場所に行きたいというのが人々の考え方であり、働き方だ。繰り返しになるが、これは私の意見ではなく、歴史から見える事実だ。

ローマ帝国は外国人に市民権を与えて、国民を増やすことで繁栄した。元外国人は、ローマ市民となり、帝国で政治権力を握る可能性を手にした。

あまり知られていないが、エチオピアも1500年前、非常に豊かで成功した国だった。当時はアクスム王国という名前だった。海外に開かれた国で、外国人を受け入れて繁栄していた。

彼らはローマ帝国やインドと交易して栄えるようになった。象牙や金、エメラルドなどを輸出し、絹や香辛料を輸入していた。多くの外国人を受け入れ、アラビア半島にも進出。金貨や銀貨も鋳造するほどの経済力を持っていた。

しかし、7世紀に入るとアクスム王国の勢力は弱まり、エチオピアは長い衰退期に入った。私はアクスム王国がキリスト教に改宗したことが影響したのではないかと思っている。アクスム王国には、伝統的な多神教を信じる人に加えて、キリスト教徒、ユダヤ教徒、仏教徒が暮らしていた。ほかの宗教を信じる人々にとって、キリスト教の国教化は好ましくなかったかもしれない。多様な宗教や文化を受け入れて、多くの外国人がやってくる国の方が繁栄する可能性は高い。

移民の力で繁栄してきた米国の変化

米国も世界中から多くの移民を受け入れることで発展し、繁栄してきた。外国人を歓迎し、彼らに土地を与えてきた。しかし、トランプ大統領は、外国人に寛容ではない。メキシコ国境に壁を建設したりしている。経済が悪くなると、外国人への風当たりはますます厳しくなっていくだろう。

我々は外国人に対して非常に差別的になることがある。シンガポールも外国人を受け入れるが、彼らは外国人を選別している。

もしあなたが賢く、高い教育を受けているならば、「ぜひ来てほしい」と積極的に受け入れる。そうでなければ、シンガポールで働くのは難しい。働けるとしても、給料は安く、単純な仕事で、在留資格も制限されている。

米国が宣伝してきたのは、非常に偉大な自由民主主義と広大な土地があることだった。移民たちが入国した当時、米国は非常に魅力的な国だった。

しかし、19世紀には、女性も、黒人も、アジア人も差別されており、選挙の際に投票できなかった、参政権すらなかったのだ。1882年には、当時の米大統領が「中国人排斥法」に署名した。

中国人労働者の米国への移住を禁じるという法律だ。当初は10年限定の時限立法だったが、1902年には恒久的な法律になった。中国人排斥法が廃止されたのは1943年だった。

米国はゴールドラッシュで人手不足だった時代に中国人を受け入れ始めたが、不況になると一転して追い出そうとした。アジア系で、見た目が違うことに加え、低い給料でも働くので、賃金水準を押し下げる存在としてやり玉に挙げられた。

今はドイツのメルケル首相も移民の受け入れに取り組んでいる。ドイツは出生率が低下しているので、積極的に外国人を受け入れてきた。メルケル首相は、エネルギーだけでなく、外国人を必要としている。しかし、ドイツには外国人を差別する人も多い。

歴史から教訓を得よう

私が歴史を好きなのは、そこからさまざまな教訓が得られるからだ。世界はどんどん変化するが、人間の本質は変わらない。同じような行動が常に繰り返されていることを、あなたは知ることができる。

20世紀には、中国の最高指導者だった鄧小平が世界を変えるためにほかの誰よりも多くのことをした。改革開放が始まる前の中国はどのような国だったのかをあなたは知っているはずだ。中国の変化は、アジアだけでなく、世界を変えた。その意味で鄧小平は非常に重要でとても賢い人物だ。

近現代の世界の歴史において中国の存在感はかつてなく高まっている。世界の株式時価総額トップ10には、多くの中国企業が顔を出すようになった。インターネット通販大手のアリババグループや通信大手のテンセントは常連になっている。

テクノロジーが何であれ、人々は新しく興奮できるものにより多くのお金を払うものだ。だからテクノロジー企業は、常に市場価値のリーダーになる。かつてはラジオであり、固定電話だった。

固定電話はかつて信じられないほどエキサイティングな技術であり、通信企業の時価総額は驚くほど高かった。それは世の常であり、テクノロジーは市場の先導役になる。昔は固定電話は新しいテクノロジーで、ラジオもそうだった。もちろん今はそうでなく、スマートフォンやソフトウエアがその地位を占めている。

世界は、これまでもこれからも、新しいテクノロジーに熱狂するだろう。未来のテクノロジーが何であれ、市場で買われるのは、それを最も上手に実現できる成長の可能性が高い企業だ。

新しいテクノロジーはそれが何であれ、世界を変える可能性がある。今では固定電話は技術とも思われていないが、100~150年前は固定電話ほどイノベーティブな技術はなかった。

今はブロックチェーンが、世界を最も興奮させている技術の1つだろう。ビットコインのような仮想通貨に使われているイメージが強いが、それは一面に過ぎない。ブロックチェーンとは、全員がすべての取引履歴を共有し、改ざんができないようにする「分散型の取引台帳技術」だ。金融だけでなく、医療でも、小売業でも、不動産の契約でも、既存のシステムがブロックチェーンに置き換えられる可能性がある。今は違っていても、きっと将来はそうなるだろう。

バイオテクノロジーも注目すべき分野で、新しい発見が相次いでいる。明らかにそれはイノベーションだ。AIの会社にも投資家は莫大なお金を注ぎ込んでいる。なぜなら、AIのスタートアップは新しくて刺激的で、これまでの企業とは異なっていて珍しいからだ。さらにドローン企業に、多額の資金を投じる投資家もいるだろう。つまり、テクノロジーが投資を集められるかどうかは、それが新しくてエキサイティングであるかどうかに依存している。

次に戦争が起きる地域

中東は、次に大きな戦争が起きる場所になる可能性が非常に高い。中東では、アラブ人とイスラエル人だけでなく、（米国やロシアなど）ほかの勢力も過ちを犯している。つまり中東では多くの人が失敗を犯している。

中東は、現代の火薬庫だ。第一次世界大戦の前夜、バルカン半島で始まった戦争について、ほとんどの人が気にしていなかった。しかし、その後、欧州だけでなく世界を巻き込む悲惨な戦争へと発展していった。

現在、中東の国々は明らかに不安定だ。かつて第一次世界大戦の発火点となったバルカン半島と、似たような不安定さを感じる。

当時はセルビア人の青年に皇太子を暗殺されたオーストリア＝ハンガリー帝国がセルビアに宣戦布告すると、ロシア、ドイツ、フランスが次々に参戦。瞬く間に大きな戦争へと発展した。

サラエボというバルカン半島の聞きなれない小さな都市で火花が起こり、それが第一次世界大戦につながった。だから中東でも、人々が聞いたことのない場所で衝突が起き、それが大きな戦争へと発展する可能性がある。

カタール、ドバイを知っている人は多いが、イエメンという国を知っている人はほとんどいないだろう。サウジアラビアの南にある小さな国だ。今、イエメンは戦争状態になっている。イランの支援を受ける勢力がサウジアラビアにミサイルを撃ち込む事件がたびたび起きている。

第一次世界大戦では、多くの人が聞いたことがなく、どこにあるかも知らない国で起きた事件が発端になり、世界はあっと言う間に戦争状態に陥った。

当時、オーストリア皇帝は自分の息子である皇太子がサラエボで暗殺されて、帝国が瓦解することを恐れていた。当時のオーストリアは大国で、セルビアに10カ条の最後通牒を突き付けた。しかしセルビアは一部の要求を受け入れず、オーストリアは宣戦布告した。

小さな事件から始まった戦争だったが、誰もが6カ月後に、いったい全体どうしてこうなったのか、どうやってこの戦争から抜け出せばいいのか、頭を抱えることになった。残念なことに、政治家も官僚もなすすべがなかった。「これは何かの間違いだ。戦争をやめよう。我々はあまりにたくさんの若者たちを殺している」と考えるのは当然だったが、止めるには遅すぎた。

21世紀のサラエボになる可能性

それが今度は中東になるかもしれない。中東のどこかの地域が、21世紀のサラエボになる可能性がある。なぜなら、非常に多くの人々がとても多くの間違いを犯し続けているからだ。

また、石油が存在し、イスラエル人もいるので、中東のすべての状況が不安定だ。次の大きな戦争がどこから始まるのかを言わなければならないとしたら、それは中東で起きる何かの事件になるかもしれない。それは韓国ではなく、東アジアで同様の問題が起きるリスクは相対的に低い。

火種は中東のどこかにあると私は思っている。世界の多くの人が聞いたこともないような場所が、サラエボやセルビアのように有名になる可能性がある。

もちろん戦争は間違っている。しかし第一次世界大戦が不条理だったように、間違った理由から戦争は起きるものだ。

第 7 章

未来の正しい見方
——社会の常識を疑え

オリンピックが国を救ったことはない

日本はしばらく前まで2020年夏に予定されていたオリンピックに沸き返っていた。結局、新型コロナウイルスの問題で延期されたが、ここで気を付けるべきことがある。過去100年を振り返ると、オリンピックは国を救ったことがない。多くの国がオリンピックを開催したが、どの国も大きくは変わらなかった。

数カ月間、開催する国と都市は熱狂に包まれ、国民も政治家も喜ぶだろう。現実にはオリンピックのためにインフラなどに投資する必要があり、そのための借金が膨れ上がることになる。

オリンピックで大きな経済的成果を上げた国はないと私は考えている。オリンピックを開催するには常に多くのお金がかかるからだ。もちろんホテルや航空会社は儲かるかもしれないが、それは一部だ。オリンピックはどの国も救ったことがない。一つだけ確かなことは、借金が増えることだ。

オリンピック開催後に経済が低迷したギリシャとブラジルのような多くの例がある。しばらくの間、一部の人々が恩恵を受け、大きな宣伝効果もある。少なくとも政治家は、それが大きな宣伝になると思っている。だが、私はオリンピックを開催するからといってその国に投資しない。

誰もがオリンピックを知っている。みんなが知っていることに投資すれば、おそらく成功することはないだろう。あなたが成功したいと願うならば、誰も知らない何かを見つける方がいい。

例えば、政府が何かに多額のお金を費やし始めていることに気づいたら、それは何かのチャンスかもしれない。しかし誰もが熱中して買っているものを見つけたら、それを売ることを考え方がいい。みんなが同じように考えていて、みんなが愛しているものは、逆にうまくいかなくなるかもしれないと考えた方がいい。

ユニコーンブームはバブルだった

中国のアリババグループへの投資を成功させたことで知られるソフトバンクは、数多くの（企業価値が1000億円を超える有望企業である）ユニコーン企業に投資している。だが、こうしたユニコーン企業は本当にそこまで高い価値があるのだろうか。

米シェアオフィス大手のウィーワーク、米配車大手のウーバーテクノロジーズ……。それらの多くは、すべて同じような会社に見える。似たような状況は過去にもあった。

例えば、日本の1980年代後半のバブルを振り返ると、同じようなことが起こっていた。似たような企業の株がどれもとんでもない価格で取引されており、誰もが「日本は違う」と言っていた。

それが、すべての日本企業の株がとても高価な理由だった。当時、私が講演で「日本株は過大評価されている」と話したところ、誰かが手を挙げてこう言った。「日本人は違う」。私はこう答えた。「日本人もズボンをはくときは、片足ずつ順番に入れてはく。両足いっぺんではなく、アメリカ人と何ら違わない」と。人々がクレイジーになっているときはいつも同じように「今回は違う」と言う。しかし私にとっては、昔同じようなシーンを見たことがあると思うものばかりだ。

1999年、米経済紙のウォールストリート・ジャーナルが「ニューエコノミー」について記事を書き始めた。彼らは「ニュー」を大文字にし、「エコノミー」も大文字にした。

すべてがそれまでとは異なる、新しい革命的な経済が生まれていると強調したかったからだ。しかし誰もがインターネット企業に熱狂するドットコムのバブルは、ほどなく崩壊した。ウォールストリート・ジャーナルは、ニューエコノミーという言葉を使わなくなった。

これらはすべて過去に起きたことだ。誰もが同じような過ちを繰り返す。だから心配する必要はない。人間はたくさんの根拠のない熱狂に酔ってしまうものなのだ。

アリババ株への投資はいいアイデアではない

暗号通貨とはおそらくそのようなものの1つだ。ブロックチェーンも革新的な技術かもしれないが、冷静な目で見る必要がある。ブロックチェーン技術の多くは、グーグルやアマゾン、マイクロソフト、ソニーといった大企業の関連会社が提供している。私はまだブロックチェーンでこれという企業に出会っていない。それは独立していて優れた技術を持つ、中小のブロックチェーン企業でなければならない。

ブロックチェーン技術に投資するためにアリババ株を購入するのはいいアイデアではない。アリババ傘下にすぐれたブロックチェーン企業があっても、それは独立した企業ではないからだ。ブロックチェーン技術は普及し、巨大になるだろうが、ブロックチェーンのためにアリババに投資するのは良い方法ではない。

ブロックチェーンは私たちが知っているすべてを変える技術だろう。その動きはすでに始まっている。しかし、どこに投資すればよいかはまだ分からない。

誰もが大騒ぎするバブルの時はどう行動すべきなのか。投資家の観点から話をしよう。バブルが起きている時に、何かを購入しても、お金を稼ぐことは難しい。例えば、1989年に東京の不動産を購入した場合、その不動産を持ち続けても、儲けることはできなかったはずだ。

一方、バブルの前に購入して、バブルの時に上手く売り抜けられる人はほとんどいない。そうできる人は素晴らしい投資家だ。バブルの前に安値で買い、バブルの一番のピークで売ることができれば最高だろう。バブルが起きるたびにそれを繰り返せば、あなたは大変な金持ちになれるはずだ。

米国の教育を高く評価するのは間違い

あらゆる国において重要なのが教育だ。米国の教育は世界的に高く評価されており、大学ランキングでは常に上位に並んでいる。

しかし最近、「米国の大学卒業生の50％が新聞の社説を理解することができない」という調査結果を目にした。社説に何が書いてあるのか分からない読者が多いというのだ。社説が読めない人は、クレジットカードの申請書を読むことができない可能性がある。

これは大変な問題だ。高等教育を受けていることは、本人の実際の能力よりもはるかに優れたPR効果を持つ。

私はかつて米国を代表する素晴らしい大学として有名な学校に通ったことがある。実際に、見た目が壮観であるだけでなく、優れた教育を提供していた。私は膨大な量の勉強をしたが、今や米国の多くの大学が提供する教育はそうではない。

多くの大学教授は、ただ型通りの授業をするだけだ。ほとんどの米国人は、大学に通ったとしても、素晴らしい教育を受けているわけではない。そこに問題がある。

一方、中国は次の偉大な国になるだろう。中国は最終的には今よりもはるかに存在感が高まると、私は確信している。素晴らしい国には優れた大学がある。

かつて偉大とされた国々は衰退した。16世紀には、今ほとんどの人が聞いたことがないポルトガルの大学が最高レベルの優れた大学だった。それがコインブラ大学だ。世界遺産にも登録されているが、現在の大学としての知名度は低い。

1000年前に、イスラム文化が栄えた当時は、モロッコのカラウィーイーン大学も高等教育機関として輝きを放っていた。同大学は、ユネスコによれば、継続的に活動している世界最古の教育機関だ。世界最古の大学としても知られている。イタリアのボローニャ大学はヨーロッパで最古の総合大学だが、実はモロッコの大学の方が長い歴史を持っている。

しかし、かつて偉大と見なされていたこれら多くの大学も、今は世界の多くの人々にとって聞いたことがない大学だ。中国の経済力が高まり、発展を続けると、同国の大学が世界で最も重要な大学と見なされると、私は考えている。

経済の繁栄と、高等教育機関の発展には密接な関係がある。だから中国を代表する大学である、清華大学や北京大学の地位が上がるのは当然だろう。米ＵＳニューズ紙の大学ランキングで、清華大学は米マサチューセッツ工科大学（ＭＩＴ）を抜いて、工学研究の分野で世界最高峰の大学になったこともある。

私は英国のオックスフォード大学とケンブリッジ大学は素晴らしいと思っていた。実際に私はオックスフォードに進学して、素晴らしい時間を過ごした。

ただ、今から考えると、私は北京に行って清華大学か北京大学に入学すべきだった。当時、私は21歳で、中国の可能性について何も知らなかった。

危機に瀕する米国の大学

今、米国の大学は多くの問題を抱えている。正規教員の在任期間は長く、大学側は彼らを解雇することが通常できない。米国の大学のコスト構造は非常に硬直的で、給与水準は高い。

米国の大学で学ぶためにかかる費用は高額で、今や驚くべき水準にまで値上がりしている。コスト構造が非常に高くなっているのはなぜなのか。教授の在職期間が長いため、彼らは一生懸命働く必要はなく、ぬるま湯につかっているからだ。

だから大学教員は自分たちの仕事が好きで、そこから離れようとは思わない。この結果、米国の教育は非常に高額になっており、それを継続させるのは難しい。米国ではなく、他の国の大学に進学すれば、かかる費用は大幅に安くなる。

米国経済には問題が多いので、環境が激変すると、多くの米国の大学が窮地に立たされるだろう。世界的に有名な一部の大学は例外かもしれないが、大学システム全体が行き詰まりつつある。倒産する大学も出ているほどだ。

ＦＲＢによると、米国で大学に通う若者の54％は教育費用を支払うために学生ローンなどの借金をしている。しかし、返済できなくなる学生も多く、5人に1人の支払いが遅延している。経済が悪化すれば、就職が難しくなるので、学生ローンを返せなくなる人が増えるのは当然だ。すでに学生ローンの不良債権比率は11％と高く、その比率がさらに上昇すると大学システムは立ち行かなくなる。

米プリンストン大学のような名門大学に行くと、非常に高額な学費がかかる。一般的に、4年間で30万ドル（約3300万円）の費用がかかる。学費に加えて、テキスト代、交通費がかかり、自宅から通学できなければ寮費も必要になるだろう。

大学に本当にその価値はあるのか。プリンストンならあると考える人も多いだろうが、知名度がそこまで高くない大学であっても、学費は非常に高い。

高いコストを賄えないようになると、最終的には大学は破綻せざるを得なくなる。大学が教授に対し、「あなたの給料を支払うことができなくなった」と言っても、力がある教授ならほかの大学に移るだろう。しかし、他大学に移ることができるだけの能力がない教授も少なくないはずだ。

教育はどんどんオンライン化する

教育はどんどんオンライン化されていく。今、あなたは、プリンストン大学で教えている内容とほとんど変わらない授業を、はるかに安い費用で、オンラインで受講することができる。

最終的に、米国の何千もの大学で学ぶ学生たちは、その意味を理解するだろう。例えば、スペイン語を学ぶために大学に行く必要は明らかにない。自宅で、自分のコンピューターで学ぶことができる。

会計を学ぶために大学に行く必要もない。パソコンはおろか、スマートフォンでも学ぶことができる。大学で学ぶコストがどんどん高くなる一方、オンライン講座の費用はどんどん安くなるので、ますます多くの大学が苦悩することになるだろう。

米国の有名大学の教授の平均年収は20万ドル（約2200万円）を超えるという調査結果もある。学長になると年収は100万ドル（約1億1000万円）を上回る。大学教授には、それほどの高給が支払われる。大学教授の給与は、日本の有名大学の2倍だ。しかし、それは米国の大学の没落につながるだろう。

教育のオンライン化が進むことで、学生が興味を持つほとんどのテーマについてオンライン経由で学ぶことができるようになっている。大学はおそらく18歳くらいで入学する若者たちが集まって交流するだけの場所になるだろう。

実際、私も大学時代に、授業で学ぶよりも他の生徒から多くを学んだ。それは素晴らしい。18歳から21歳の人々が集まって交流するのは、この上なく楽しい経験だ。彼らはスポーツでも、ダンスでも、何でも好きなことをすることができる。

しかしこれからの大学は、おそらくオンライン授業をもっと活用せざるを得ないだろう。米国の大学は、スペイン語の教員を2万人も必要としないはずだ。優秀なスペイン語の先生1人がオンラインで教えればいい。どうして2万人ものスペイン語教授が必要なのか。私にはさっぱり分からない。

それは会計学でも同じだ。会計学の教授も多いが、2万人が必要なわけでは決してない。会計は決して難しくはない。素晴らしい先生にオンラインで講義してもらうようにすれば、コストははるかに安くなる。

多くの米国の大学教授は、「テニュア」（終身在職権）を取得したがる。経済的に安定し、解雇されるリスクを避けられるからだ。7年程度大学で働いて、いったんテニュアを取得すると、教員は正当な理由や特別な事情が存在しないと解雇されなくなる。ビジネスパーソンの感覚からすると、テニュアは不条理だ。普通の企業で働くと、クビにされる可能性があるのは言うまでもない。

リタイアするまでに、殺人のような深刻な罪を犯さない限り、正教授は解雇されることはない。それが真実であり、そんなばかげた世界は他の職業にはない。なぜ会計教授が終身在職権を持ち、決して解雇されるべきではないのか。

変化の時代に求められる教育

今求められている優秀な教授とはどのような人物なのか。例えば、ブロックチェーンのように、多くの人が関心を持つ先端的な分野について詳しく、上手に教える能力を持つ人だろう。

そのような人物がオンラインで授業をすれば、多くの生徒が学びたいと思うはずだ。教室が必要ないので、かつてのように受講者の数の制限はなくなる。良い先生がいれば、ますます多くの生徒が集まってくる。あなたが優秀な先生なら、きっとオンライン講義を活用するだろう。そして、あなたが教えることが得意なら、たくさんの収入を得ることができる。

あなたがブロックチェーンを専門にする教授で、それについて上手に教えられるなら、それは未来において世界を変える技術である可能性が高いので、大きな需要がある。

農業も将来性が高い分野だ。だが現在、多くの学生は、農業よりも広報やＰＲに関心を持っている。だから農業のオンライン授業には需要がない。教える立場にある人にとっては、お金儲けのチャンスがある分野を教えられるかどうかが重要だ。学生は卒業後に多くの収入が得られそうな分野を学びたがる。

学生たちは大学を選ぶ際に、金持ちになりたいと思っている。彼らは大学に行って学位を取得し、卒業後にリッチになりたい。多くの学生は、将来、より多くの収入を得られる可能性が高い勉強をしたがっている。

私が1960年代半ばに、オックスフォード大学で政治や哲学を学んでいた当時、ある教授から「株式市場はあなたが学んでいる学問とは無関係だ。どうして君は株式市場に興味を持つのか」と問われた。

しかし、今、プリンストン大学に進学する学生の多くは株式市場に興味を持っている。プリンストンなどの名門大学の多くの学生は、自分の部屋でヘッジファンドを始めたいと思っている。

お金を儲けられる可能性が高いからだ。しかし、私がイエール大学で学んでいた1960年代前半は、大学はお金儲けを考える場所ではなかった。学生たちは誰もお金持ちになれるかどうかを気にしなかった。それが今は様変わりしている。

学生は、多くの収入が得られる勉強に興味を持っている。どの分野が儲かりそうなのか、そのためにどんな勉強をしたいと思っているのかを理解する必要がある。彼らにとって良い教師になれる人なら、需要があり、きっと成功するだろう。

MBAは役に立たない

多くの人が稼げる資格だと考えているＭＢＡ（経営学修士）は何の役にも立たない。世界中にあまりにもたくさんのＭＢＡ取得者がいる。

私は、「ＭＢＡは時間とお金の無駄だ」と考えている。膨大な時間とお金をどぶに捨てるのに等しい。

１９５８年、米国では年間５０００人がＭＢＡを取得していた。しかし２０１８年に米国だけで数十万人がＭＢＡを取得した。もちろん欧州、日本、中国など世界各地にビジネススクールがあり、そこでも数十万人がＭＢＡを取得している。

毎年のように何十万人ものＭＢＡ取得者が世界で増えていく。明らかに供給過剰だ。そして、ＭＢＡを取得した人の多くは金融の世界に関心を持っている。平均給与が高いからだ。

だが、すでに述べたように、ブロックチェーンは金融の世界を劇的に変えるだろう。金融機関で働く人が大量に職を失う時代がやってくる。金融市場は長期的な好景気を経験してきたが、歴史を通じてこのような状況は通常変化する。かつて金融機関にはあまり借金がなかったが、今ではたくさんの借金がある。

多くの金融機関が今では膨大な負債を抱えている。それらはすべて終わりに近づいており、何十万人ものＭＢＡホルダーの多くは悲惨な末路をたどるだろう。

残念だが、ＭＢＡコースで学ぶことは絶望的なくらい完全に間違っている。私は、アイビーリーグの名門とされるコロンビア大学のビジネススクールで教えていたので、学校で教えていることの多くが誤りであることを知っている。

学生たちは間違った情報を教えられ、ＭＢＡ取得者の巨大な過剰もあり、業界は問題を抱え始めている。だから、ＭＢＡを取得しないでほしい。人生の2年間を有意義に過ごしたいなら、そのお金を使って、世界中を旅して回る方がよっぽどいい。より多くの人々に出会い、人生を楽しみ、たくさんのお金を節約し、必要に応じて投資することだってできる。

ＭＢＡを取得する代わりに自ら起業すれば、ビジネスに関して、より多くのことを学ぶことができる。たとえ起業に失敗しても、あなたはビジネススクールに行くよりもはるかに多くのことを学べる。

もしすでにビジネススクールに通っているなら、まずドロップアウトする必要がある。ＭＢＡを中退して、それを忘れて、残ったお金でビジネスを始めた方がいい。ＭＢＡは、時間とお金の無駄だ。

経営以外に学ぶべきことがある

私には2人の子供がいる。そして、私はアジアの教育が最高水準であることを知っている。しかし、私は現在、世界の教育に問題があることも理解している。

2人の娘たちがしていることを見て、おそらく間違ったことに多くの時間を費やしていると思っている。まず宿題が多すぎる。学校ではやるべきことだらけで、すべてが多すぎる。シンガポールは教育ランキングで非常に上位にあるが、教育にはさまざまな問題があると感じている。

私は経営よりも、哲学や歴史、数学を学ぶべきだと考えている。とりわけ歴史を学んでいたことは、私の人生にとって非常にプラスになっている。世界がどのように変化しているかを理解するのに役立つからだ。

私は15年間ですべてが変わることについてすでに述べた。学校でそれを学んだとは思わないが、歴史については十分な理解を得ることができた。哲学も私に考えることを教えてくれた。大学時代、私は哲学があまり得意ではなかったが、後になってなるほどと思うことが多かった。

私は韓国の国立大学である釜山大学から名誉博士号を授与された。彼らは経営学の学位を考えていたようだが、私はノーと言った。博士号なら哲学がいいと彼らに伝えた。哲学はとても良い学問だ。それは考えることを学ぶのに役立つ。そして、ほとんどの人は自分の頭で考えることができていない。多くの人はテレビやインターネットを見て、物事がこうだと信じ込んでいる。

中国のアリババグループ創業者である馬雲（ジャック・マー）は有名だ。彼はMBA取得者ではなく、中学、高校時代も優秀な成績ではなかった。このためいったんは大学進学をあきらめて、三輪タクシーのドライバーをしていたほどだ。その後、彼は一念発起して大学に通い、英語教師になった。

MBAがなくても彼はアリババを起業し、インターネット通販で中国の小売業の世界を変えるイノベーションを起こした。それは本当に目のくらむような成功だった。

ノーベル経済学賞に価値はない

ノーベル経済学賞を取ることに何の意味があるのだろうか。1969年にノーベル経済学賞が創設された。しかし賞を取るのは欧米人ばかりで、ノーベル経済学賞を受賞したアジア人はほとんどいない。

1969年以降、欧米よりもアジアの経済が目覚ましく発展してきたが、アジア人はノーベル経済学賞を受賞していない。したがって、ノーベル経済学賞はばかげている。

恥ずかしいとさえ言える。中国の最高指導者だった鄧小平は同国の経済に奇跡を起こしたにもかかわらず、ノーベル経済学賞を受賞できなかった。

彼は奇跡の労働者であり、中国経済を大きく発展させる基盤をつくった。ノーベル経済学賞に値することだと思うが、そうならなかった。

なぜなのか。それまでにノーベル経済学賞を受賞した人たちが、次の受賞者を選ぶからだ。彼らは自分が知っている仲のいいグループにいる人を選ぼうとするものだ。

改革の旗手として中国成長の道筋をつけた鄧小平

もちろんグループには、男性だけでなく、それほど多くないが女性もいる。しかし、それは仲良しグループのメンバーで、彼らはお互いに電話をかけ、「ジョー、彼（彼女）がノーベル賞を獲得したよ」といった風に話す。彼らは仲間の中から受賞者を選ぶ。

それは日本なら北海道という島の中

でノーベル賞受賞者を選んだと言っているようなものだ。ノーベル経済学賞の受賞者たちは、中国語を読めず、日本語を読めず、ほとんどの外国語を読めない。外国語を読めるとしても、英語かドイツ語くらいだろう。

アジアの人に受賞資格は事実上なく、インド人が1人いるだけだ。1998年にノーベル経済学賞を受賞したアマルティア・センだが、彼は若くして英国に渡り、ケンブリッジ大学を卒業して博士号を取得。ロンドン大学、オックスフォード大学、ハーバード大学で教鞭を執ってきたので、特殊事例だ。

センは見た目がインド人で、名前もインド風だったが、欧米で長年暮らしてきた。センがデリーに行ったとしても、彼が何者なのか誰も知らないだろう。しかしケンブリッジでは、センがノーベル賞を受賞したので、みんな彼のことを知っている。

ケンブリッジは英国の大学で、アジアの大学ではない。センは彼が高く評価されるうえで最も重要な高等教育を英国で受けたアジア系の西洋人だったと言えるだろう。

欧米の有名大学出身のエリートが、仲間同士で相談して決める偏った賞。それが私のノーベル経済学賞に対する見方だ。毎年受賞者が出て、彼らは非常に幸せで、大学もハッピーだろう。ただ、注意して受賞者の経歴を見てほしい。多くが同じような大学の出身者で、接点を持っている。彼らは同じグループの仲間たちだ。

鄧小平が受賞できなかった理由

鄧小平はプリンストンのような名門大学を卒業していないので、ノーベル経済学賞を受賞できなかったのかもしれない。彼はフランスに留学したが、生活費を稼ぐために半年で学校をやめ、工員やボーイ、清掃員などをした後に、自動車工場で作業員として働いた。その後、旧ソ連の大学で学んだが、博士号は取得していない。

ほかの多くのノーベル経済学賞の受賞者のように、プリンストンのような大学の経済学部出身で、スタンフォード大学で教えていたりはしなかった。鄧小平はただ中国を救い、世界経済を救い、世界を変えた。彼は欧米の名門大学に進学せず、西洋人ではないので、ノーベル経済学賞候補として関心を持たれなかった。だから私は、ノーベル経済学賞はバカげた賞だと思っている。

ノーベル経済学賞が始まった1969年の時点では、日本だけではなく、中国、韓国などを含むすべてのアジアの国々の世界経済における存在感は小さかった。英国の植民地だったシンガポールは1965年にようやく独立したばかりだった。1969年に英国海軍はシンガポールを去り、海軍大将は貧しい同国の将来を悲観した。

しかし1976年に英国の経済は行き詰まり、ＩＭＦは同国を救済しなければならなくなった。一方、シンガポールは短期間で経済が成長し、世界で最も成功した国の1つになった。

ノーベル経済学賞の受賞者を何人も出している英国が衰退し、シンガポールの価値が急騰したということだ。1969年以降、何人もの英国人がノーベル経済学賞を受賞しているが、シンガポール人と中国人は誰も受賞していない。

1969年の日本は高度成長を続けていたものの、世界経済のスーパーパワーではなかった。その後、日本で何が起きたのか。経済は活況を呈し、素晴らしい力を持つようになった。それでも日本人は誰も経済学でノーベル賞を受賞していない。

だからノーベル経済学賞の価値を私は信じない。受賞者たちの研究は、経済を発展させたり、成長させたりするために役に立つとは思えないからだ。経済学は、男性か女性かを問わず、多くの学生が学んでいる学問だ。

だから私は、もっと多くの国々の学者がノーベル経済学賞を受賞すべきだと考える。公平を期すなら、ハーバード、プリンストン、ケンブリッジ、スタンフォードといった大学の出身者ばかりでなく、他の経済的に成功した国の出身者が選ばれるべきだ。イスラエル出身のダニエル・カーネマンもノーベル経済学賞を受賞しているが、カリフォルニア大学バークレー校で博士号を取得しており、プリンストン大学の教授を長年務めて、米国籍も取得している。

このような仲良しクラブの中で決まるノーベル経済学賞にどれだけ意味があるのか。彼らはインナーサークルの中で暮らしており、学会で会うと、お互いの背中をたたき合うような恥ずかしい関係だ。

ノーベル経済学賞に起きていることはとてもクレイジーであり、日本の経済学者が不平を言うのも当たり前だろう。文句を言って当然だ。米国人と欧州人以外は一部の例外を除いて受賞できないのはおかしいという記事をジャーナリストは書くべきだ。

MMTはタダで食事を配るような考え方

今注目を集めているのはMMT（Modern Monetary Theory：現代貨幣理論）だ。「自国の通貨建てで、政府が国債などを発行してお金を借りて赤字が増えても、インフレにならなければ問題がない」とするような理論だ。いくらでも借金をして、財政赤字になっても問題ないという驚くべき考え方と言えるだろう。

それはみんなのためにタダで食事を配るようなものだ。無料のランチは素晴らしい。誰もがほしがり、正しいように思える。MMTはしばらく機能するかもしれないが、いつか誰かがそのツケを支払わなければならない。

最終的に、誰かが本物の富を生み出さなければならない。誰かがコメを育てなければならない。コメは天から降ってくるのか。決してそうではない。MMTは素晴らしい理論で、素晴らしい無料のランチをみんなに振る舞ってくれるのかもしれない。

しかし、最終的には誰かが実際に本物の商品や本物のサービスを生産する必要がある。仕事に行かないで、毎晩クラブに行って異性と遊んで、お金をたくさん使い、日本のとびきりのウイスキーを買う。そんなことがあっていいのか。

2008年のリーマン・ショックを受けて、米国の中央銀行であるFRBはこう言った。私たちは世界を救わなければならない。彼らはたくさんのお金を印刷し、たくさんの借金を積み上げた。10年間はすべてがうまくいった。

それがMMTであり、現代貨幣理論だ。MMTは、誰にとっても無料の食事だ。西洋人か、西洋人のような教育を受けたどこかの国の人が、いつかMMTでノーベル経済学賞を受賞するかもしれない。世界が崩壊していなければ。

MMTの理論では、ニューヨーク州立大学のステファニー・ケルトン教授が有名だ。彼女は、経済学の世界では実績があるとは言えないかもしれないが、お金をばらまきたいと思っている世界の政治家に非常に大きな影響を与えている。

ベーシックインカムの議論はばかげている

ＡＩ（人工知能）が進化し、人間から仕事を奪うという議論もある。２０５０年までに人間がクルマを運転しないようになるという専門家もいるほどだ。未来は「脱労働社会」になるとの意見もあり、仕事がなくなる時代に備えて、国民の最低限の所得を補償する「ベーシックインカム」という制度も議論されている。

だが、人々が働くことに対するインセンティブを持たないなら、私たちは進歩しないだろう。誰もが無料の食事をもらえるなら、あなたはむしろ北朝鮮やかつてのベトナムのような社会主義国に移住した方がいいだろう。

何百年もの間、政治家から、哲学者、神学者までさまざまな人々が、貧困問題を解決する方法を議論してきた。これまでのところ、資本主義だけが、人々が頑張って働こうとするインセンティブを与えられるシステムだ。

人間は何百年もの間、「ゲーム＝競争」を続けており、一部の人は他の人に勝って、豊かになっている。誰かが勝てないようなゲームは存在しない。そして、ゲームに参加した全員が同じ結果になるなら、ゲーム自体が成立しない。

コンペティション（競争）が社会には必要だ。競争やインセンティブは欠かせない。

あなたが3台の車が欲しくて、お金があれば所有できることを知っているなら、そのために一生懸命働くだろう。

しかしいくら頑張っても、3台の車を所有できないことが分かっているなら、おそらく必死になって働こうと思わないだろう。かつて社会主義の世界ではそのようなことが起きた。

人々は、おそらく寝そべって、「私はすでにクルマを持っており、これが自分の持つことができるすべてだ」と言うだろう。いくら頑張っても報われないなら、人間は努力しないようになる。

人類はこれらの問題を解決するために何千年も努力してきた。一部の人々は、競争は恐ろしい、資本主義は恐ろしいと言う。しかし競争があることは、どんな社会にとっても良いことだ。

勝ち負けをつけずに野球をした場合、それは非常に退屈なものになってしまうだろう。そして、おそらく野球をする人はあまりいなくなる。競争はなくなり、試合もなくなってしまう。

何千年もの間、人類は互いに競争するためのゲームを考え出し、一方が他方に勝つようにした。ベーシックインカムは、人間の本性を変えようとするようなアイデアであり、ばかげている。

シリコンバレーはイノベーションの聖地でなくなる

かつて革新的な技術は常にシリコンバレーから生まれると言われてきた。たぶん10年前、20年前はそうだったのかもしれないが、今は、必ずしもそうではない。中国発の新しいテクノロジーが次々に生まれており、広東省の深圳はその中核の1つになっている。深圳はとても刺激的で、その象徴のような都市だ。

中国は毎年、多くのエンジニアを誕生させている。その数は、米国の10倍になると言われているほどだ。もちろんすべてのエンジニアが優秀なわけではない。それでも数が多ければ、非常に優秀なエンジニアが当然たくさんいる。

こうした中国のエンジニアは非常にエキサイティングなことをやろうとしている。だからこそ、私は自分の子供たちに中国語を学ばせている。中国には米国よりもはるかに多くのエンジニアがいる以上、米国よりもずっと多くのイノベーションを生み出す可能性がある。

シリコンバレーはイノベーションの聖地と呼ばれてきたが、それは過去のものになるだろう。未来はそうではなくなる。あなたが今、常識だと思っていることは、15年後には真実ではない。あなたが知っているすべては変わることを忘れないでほしい。2035年には、シリコンバレーの地位は劇的に変わっているだろう。

私はとりわけ深圳が、イノベーションの新たな〝聖地〟として今後ますます存在感を高めていくと考える。100%の確信があるわけでないが、きっとそうなる。とりわけ香港で起きていることは、深圳にとって素晴らしいことだ。人々が国境を越えて移動する場合、両都市は地理的に近いので、深圳は非常に有利な立場にある。

インドのバンガロールも存在するが、あえて1つだけ選べと言われるならば、私は深圳を選ぶだろう。シリコンバレーやイスラエルのテルアビブよりも、深圳がイノベーションを生み出す力で先を行くと思っている。

ソフトとハードの両輪がそろう場所

深圳は、他の地域が得意とするソフトウエアだけでなく、ハードウエアを得意としており、イノベーションの両輪がそろっていると私は考えている。

米国は中国ほど多数のエンジニアを育てておらず、米国の学生の多くはエンジニアリングを勉強することを好まない。しかも工学を学んでいる米国の学生の多くが優秀であるとはとても言えない。

私はこのような現実が好きなわけではないが、事実は事実だ。中国は多数のエンジニアを育てており、インドも数多くのエンジニアを生み出している。テルアビブは、イスラエルにあるため地政学上のリスクを抱えている。世界中を見回してどこに行きたいか決められるなら、戦争地帯になるかもしれない場所の真ん中に行くのはいい選択とは思えない。

私はすぐに戦争が来ると言っているわけではないが、多くの人々は世界で何が起こっているのかを理解しているため、深圳に未来があると信じている。

もし子供たちにテクノロジーを学んでほしいならどこに行けばいいのか。それはアフリカ、南米ではないだろう。世界中のすべての国の人は、米国で新しいテクノロジーが生まれていると言うだろう。しかし現実を見るならば、中国が米国に先んじている分野が確かに存在している。

もし私が中国と米国のどちらに賭けるのかと聞かれたら、エンジニアリングの将来という意味では、中国に賭けるだろう。中国の通信機器大手のファーウェイを見てほしい。ファーウェイは米国に恐れられている。

だから、米国は「ファーウェイの製品には、セキュリティーのリスクがある」と糾弾している。米国の企業は、通信技術でファーウェイに追いつくことができないことの証左だろう。スマートフォンに強い米アップルでさえも、何をすべきか分かっていない。だから米国の政府は、中国の通信機器には邪悪なセキュリティー問題があると非難しているのだ。

しかも米国の要請を受けたカナダ政府が、ファーウェイ創業者の娘で同社の副会長兼CFOだった経営幹部を逮捕している。ファーウェイが、米国による制裁を回避してイランに同社製品を輸出するため、米金融機関に虚偽の説明をしたという理由だが、実態としては、この分野で遅れていることに米国が強い危機感を持っているからだろう。

欧米のメディアの見方が正しいとは限らない

もちろん欧米から見た中国のイメージが悪いという指摘に私は同意する。グローバルに力を持っているメディアは、英国営放送のBBCや米放送局のCNNのような西側の組織や企業だからだ。

米ニューズウィーク誌のようなメディアで描かれる中国のイメージは、人々を抑圧する統制的な社会だ。欧米のメディアは、「中国は人々の生活を監視するために多くのカメラを設置している」といった記事を好んで掲載している。しかし今は米国政府も中国政府と同じようなことをしている。

中国は管理された社会で共産主義の悪いイメージの典型の国のように扱われている。ハリウッドで見られる昔ながらのスパイ映画のような世界と言えるだろう。

西側のテレビや新聞、雑誌を見ていると、どうしてもバイアスがかかる。しかし、あなたが今コンゴに住んでいるなら、同じようなことを言わないだろう。異なる視点になるからだ。

世界を知りたいなら、異なる見方に耳を傾けた方がいい。あなたは西側の人間なので、欧米の新聞を読む。私は日本が何であるかを知っているが、西側のメンバーだ。

西側のメディアの見方は世界のすべてではない。中国は確かに「やせ馬にむち」という言葉のように、弱いものに厳しいところがあるのだろう。私は西側の新聞を読むだけではなく、すでに述べたように5カ国の新聞を読んでいる。そうすることで、あなたは世界の異なる見方を理解できるようになるだろう。

確かに、中国は西側のメディアに良いイメージを持たれていない。ファーウェイ製品には世界にとって深刻なセキュリティーリスクがあると言われている。

それでもあなたがアフリカに行き、「このニュースを見てください」と言っても、現地の人々は中国が悪であることを知らないだろう。中国が毎日、弱い者を叩いていることを、アフリカの人々はきっと分かっていない。

〝邪悪な国〟の情報発信から学べること

もちろん中国は、西側における彼らのイメージが悪いことを理解しており、それを改善しようとしている。中国は、西側のメディアは巨大な一枚岩で、BBC、CNNだけでなく、NHKも仲間だと思っているかもしれない。私はCNNのテレビ放送を決して見ない。確かにCNNは多くの特派員を世界各地に派遣しているが、ほかに知るべき情報がたくさんあるからだ。

むしろ中国語の英語版放送ネットワークである「CGTN（中国国際電視台）」を見るべきだ。中国の視点に立った英語による24時間放送の国際ニュースチャンネルで、かつては「CCTV（中国中央電視台）－NEWS」と呼ばれていたが、しばらく前に名前を変更した。

ロシア語の英語ネットワークである「RT（ロシア・トゥデイ）」も視聴する価値が

ある。（編集注：RTはロシア政府が所有する実質的な国営メディアで、約20カ国に支局を持つ。英語だけでなく、アラビア語、スペイン語、ドイツ語、フランス語など多言語で放送を行っている。ロシア政府のプロパガンダチャンネルで、フェイクニュースを広めているとの批判もある）。

中東版のCNNとされる「アルジャジーラ」もアラビア語と英語で世界中に向けて24時間放送している。（編集注：カタールのドーハに本社を置く衛星テレビ局。「一つの意見があれば、もう一つの意見がある」がモットーで、欧米の視点とは異なるアラブの視点による報道で知られている）。そしてNHKも視聴することが可能だ。ドイツには「ドイチェ・ヴェレ」と呼ばれる英語を含めた国際ニュースチャンネルもある。

しかし我が家にはテレビがない。BBCなど世界各国の放送は、ラジオなど音声で聴くことにしている。映像が見たい場合は、インターネットで視聴できるので、テレビがあるかどうかは、今は重要ではない。

私はいくつかラジオを聴いており、BBCは常に流している。しかし、BBCでさえも、今では米国務省の一部のように感じられる。彼らは常に米国のプロパガンダを流している。「邪悪な中国政府にさまざまなものを奪われた人々がいる」といった感じだ。

あなたは西側のメディアの報道ばかりを目にしているかもしれないが、RTを見ると、はるかにバランスの取れた世界観を持つことができる。RTはロシアの国営放送だが、西側のメディアとは別の視点を与えてくれる。世界について学びたいなら、より多様な報道を見た方がいい。あらゆるメディアは自分たちこそ正しいと信じている。現実を理解するためには、それらすべてを吟味する必要がある。

CNNは見ない方がいい

あなたが海外のホテルで目覚めるときは、CNNを見ない方がいい。アナウンサーやキャスターたちはあなたにこう言い続ける。「人々は叩かれて、奪われている。ロシア人は邪悪であり、中国人はもっと悪い。彼らはあなたの顔を（カメラで撮影してAIで）認識し、あなたを見張っている」。CNNがあなたに伝えるすべてのことが本当に正しいかどうか気を付けるべきだ。

CNNや米放送ネットワーク大手の「フォックスTV」が伝えていることも疑ってかかった方がいい。BBCが報じていることもだ。すべてが間違っているわけではないが、一方の視点に過ぎない。もしあなたが、世界の別の見方を知りたいなら、ほかの視点にも触れた方がよっぽど役に立つ。

もちろん中国やロシアのメディアが報じていることは正しくないかもしれない。しかし、米国務省の片腕のようになっている印象さえあるＢＢＣばかり見るよりも、バランスを取ることができる。

私が子供の頃、ＢＢＣは今よりもバランスが取れていた。かつてＢＢＣは、米国のメディアと違い、独立した視点を提供していた。

アフリカに行くと、中国のファーウェイがセキュリティーに対する恐ろしい脅威であると伝えられなくなっているだろう。むしろファーウェイのスマートフォンは素晴らしい製品で、アップルよりも安くて高性能だと思われているはずだ。現在、世界には、(西側だけではない) さまざまな見方に飢えている多くの国がある。

そして、私たちの子供たちの世代は、世界を大きく異なる形で見ることになるだろう。中国は繁栄し、ほかの新興国もかつてより豊かになっている。私の生涯において米国は常にナンバーワンだった。

しかし、こうした常識は今、変化する過程にある。このため、子どもたちの世代は、ファーウェイをセキュリティーの脅威で悪意のある製品を作っている会社と見なさない可能性がある。若者たちは、ファーウェイ製品は素晴らしいと言うかもしれない。

好むと好まざるとにかかわらず、多分中国は21世紀で最も重要な国になっている。地図を見ると、世界で何が起こっているのかが分かり、世界が劇的に変化していることを知ることができる。

1800年代にイギリスは産業革命により世界を支配する巨大な帝国となった。もし北朝鮮と統一されたら、韓国でエキサイティングなことが起きるだろう。しかし、21世紀に韓国が、かつての英国のような存在になることはできないはずだ。

中国から得たインスピレーション

これまで私は多くの間違いを犯してきたが、最大の失敗は1980年代にアジアに移住しなかったことだ。

私は1984年に中国に行って、何が起こっているのかをこの目で見た。私は米国に戻って、「中国にチャンスがある」とみんなに伝えた。私はそう書き、テレビでも話したが、中国に移住しなかった。私はそうすべきだった。

中国は私に最高のインスピレーションを与えてくれた。私は1984年に中国に行って、初めて飛行機を降りたとき、ショックを受けるのではないかと心配していた。当時の米国のプロパガンダは、中国人は邪悪で血に飢えた人々であるといった類のものだったからだ。

だが、私はすぐに彼らが勤勉で、野心的で、文化的で、偉大な歴史を持ち、教育を受け、非常に一生懸命であることを知った。彼らは邪悪で恐ろしい人々ではなかった。私は中国各地を旅行して回った。だから私は米国に戻ってから、これからは中国の時代が来ると連呼した。

しかし「いったいぜんたいジム・ロジャーズは中国について何をそんなに熱くなっているんだ」と多くの米国人は冷ややかだった。当時は日本が注目を集めており、みんなが「これからは日本の時代だ」と言っていた。

「いやいやいや、これからは中国だ」と言うと、人々がどれほど笑ったかは今考えると信じられないほどだった。しかし、あなたは物語の続きを知っている。

私が正しかったのは、私が中国各地を旅して回って、中国人が朝5時に起きて仕事に行く姿を見ることができたからだ。彼らは一生懸命仕事をし、生きるためにできる限りの努力をしていた。

共産主義の中国でも、そこに住む中国人は完全な共産主義者ではなかった。むしろ彼らは偉大な資本家の素質があり、私はそれを自分の目で見ることができた。だから私は中国、中国、中国と言い始めた。しかし、それだけでは不十分で、私自身が中国に移住すべきだった。

中国は1949年に共産党が国民党との戦いに勝利した後の40年間は共産主義だったが、それ以前とその後は資本主義的な世界だった。中国は何千年にもわたり、本質的には資本主義的な社会だったと私は考えている。

11世紀の中国・宋王朝の時代は、英国が栄華を誇った18世紀よりもはるかに多くの鉄を生産していた。コークスが当たり前に利用され、生産効率は非常に高かった。当時の中国の鉄の年間生産量は15万トン程度に達したとされるほどだ。これは18世紀末の欧州全体の鉄の生産量に匹敵する。11世紀の中国の資本家たちは資金を拠出して、労働者を集めて、鉱山を運営していた。

1000年前の中国人は非常に成功しており、欧州よりもはるかに進んでいた。彼らは印刷技術、火薬、羅針盤、紙を欧州よりも先に発明していた。欧州で科学が発展するよりも、はるか前にたくさんのイノベーションを生み出していた。

中国は世界で唯一の、偉大な時代を繰り返し経験した国だと私は考えている。英国はかつて偉大だった。エジプトもそうで、ローマ帝国もかつて栄華を極めた。だが、その後は復活していない。一度栄えて衰退した国は通常は再び繁栄しないものだ。

しかし中国は3、4回も復活を遂げている。彼らは大惨事を何度も経験し、国が崩壊したが、またよみがえった。中国はどん底を経験しても、再び復活して繁栄している唯一の国だ。最近の中国の成長ぶりをみると、このような歴史がまた繰り返しているように思える。

民主主義と経済の成功はほとんど関係ない

再び中国は昇ろうしているが、中国が突然崩壊し、問題を抱えると言う人は大勢いる。20世紀に米国は世界で最も成功した国になったが、多くの不況があり、人権は制限され、法の支配が行き届いていたかどうかははなはだ疑問だ。

米国ではロビイングと称して議員を買収することが可能になっている。100年前なら非常に安価に議員を買収できた。もちろん米国は多くの点で大成功を収めており、中国に問題があるのは事実だ。それでも米国人の中国の見方はあまりに一面的と言えるだろう。

「中国には民主主義がない。独裁的な政治システムは成功しないだろう」。そういった主張をする米国の知識人は多い。そうであるなら、民主主義の国は、常に豊かになるだろう。

しかし歴史を見るならば、多くの民主主義国家は成功していない。すでに述べたように経済的に非常に成功した多くの国は、実質的な一党独裁だった。日本も戦後のほとんどの期間を通じて、自由民主党という1つの政党が政権を握って支配してきた。事実上の一党独裁制国家だったと言っていいだろう。シンガポールも首相を務めたリー・クアンユーによる事実上の独裁国家として、成長を遂げた。

古代ギリシャの哲学者プラトンは『国家』という本において、こう述べている。「国家体制は、独裁から、寡頭政治、民主政治、カオス状態に移行し、そして独裁に戻る」。中国人がプラトンを読んだかどうかは分からない。しかし、プラトンは、国家の体制を比較し、どのように運営すべきかを深く考察したことで知られる。社会がどのように進化するのかについて彼は述べた。今に至るまで示唆に富んでいるため、プラトンはとても素晴らしいと考えられている。

私が最初に中国に行ったとき、一種類の新聞と1つのテレビ放送局があり、みんなが同じ服を着て、考え方もほぼ同じだと感じた。しかし35年後の今は、インターネットがあり、何百ものメディアがある。中国では何かに怒っている人々が、地方を中心に毎年数千のデモを起こしている。

つまり、歴史は社会が進化することを示している。そして日本は、事実上、1つの政党が支配する国家として大成功を収めた。日本人はそう言われるのが好きではない。自分たちは民主主義の国だと思っているが、実質的には一党独裁の状態にある。

民主主義だからといって、自分の国が成功するわけではないのは、ポルトガルを見ると明らかだ。経済的には成功していない。スペインも民主主義だが、成功しているとは言えない。多くの民主主義の国は経済的に成功していない。

つまり民主主義であることは、経済成長とほとんど関係がない。歴史的に、民主主義であるか独裁であるかは、経済にそれほど大きな違いを生み出していない。

ネズミを捕まえるネコはいいネコだ

中国の最高指導者で改革の功労者だった鄧小平はかつてこう言った。「黒いネコでも白いネコでも、ネズミを捕まえてくるのはいいネコだ」。彼は正しい。もちろん、多くの人は、自分の国が言論の自由と報道の自由を持ち、民主主義の社会であってほしいと思っている。しかし、それは民主主義であれば経済的に成功するということを意味するわけではない。

過去50年間、台湾は経済的に非常に成功した地域だった。だが、成長の道筋を付けたのは台湾を長期間にわたり支配した独裁政権だった。韓国も米国の支援を受けた恐ろしい独裁体制の下で経済成長の土台を築いた。これら事実上の一党独裁の国家は、いずれも経済的に非常に成功している。民主主義の国だったら、おそらく成功していなかっただろう。

シンガポールのリー・クアンユーはかつてこう言った。「私は目を覚ますと毎日こう思う。国が望むことではなく、国にとって良いことをしなければならない」。彼はシンガポールの繁栄のために自らを捧げた。

もちろん国家としての中国は、他の国の人々から尊敬されていない。多くの人々が、米国は民主主義の国であり、自由で世界の平和に役立っていると考えており、中国はそうではないと考えている。

それは本当だろうか。アメリカ人は他の国に何度も侵攻しているが、中国は少なくとも最近は他国を武力で侵略していない。

中国は歴史上、国際的な戦争をあまり起こしていない。これに対して、米国は頻繁に戦争を起こしている。過去50年間を見ると、米国はいつもどこかの国と戦争している状況にある。米軍を常に海外に駐留させており、多くの人はそれを当たり前のように受け止めている。

だが、中国は違う。最近、中国はアフリカに大きな影響を及ぼすようになった。中国政府は多くのアフリカの指導者を北京に招待している。

中国はアフリカに多額の投資をして、現地のインフラ整備などを支援している。米国がアフリカにお金を出す場合は、何をすべきか、あれこれ注文をつけがちだ。アフリカ諸国の人々はそれが好きではない。中国人はアフリカ諸国に投資しても、あれこれ言わない場合が多いので、彼らは中国を支持している。

アジアの女性不足で何が起きるのか

アジアでは女性の数が不足している。何かが不足すると、価値はより高くなるので、アジアの女性の価値は今後高まるだろう。それは単純な経済学だ。

中世の欧州では、女性が会社を経営したり、都市を運営したりするなど、非常に強力な地位にあった。当時、欧州で女性の数が不足していたことが影響していたのだろう。多くの男性が戦争に参加したり、貿易のためにほかの国に出かけたりする中で、女性が活躍する場が生まれたようだ。しかし、その後、女性の数が十分になると、この流れは変化した。

今、アジアでは女性が不足している。アジア全体では男性が1億人余っているという話さえある。インドや中国などでは、男の子を持ちたがる家庭が多い。例えば、インドの人口全体では男性が女性を5000万人上回っているという統計もある。夫の両親と暮らす伝統に加えて、女の子が嫁ぐ際の持参金の負担があるとされる。

この事実はアジアを大きく変えるだろう。すべての国が女性を必要としている。このためアジアで女性の価値が高まるのは間違いない。毛沢東は、「空の半分を支えているのは女性である」と言った。彼は女性をそのように扱わなかったが、今ではアジア全体で女性が不足しているため、この言葉が真実になるだろう。

アジアの多くの国で、結婚相手が見つからない男性が増えている。インドでは、「妻が見つからない」と嘆く男性が多い。彼らは必死になって妻になってくれる女性を探している。

韓国でも女性が足りなくなっており、ベトナム人やフィリピン人の女性と結婚する男性も多い。似たようなことはアジア全域で起こっており、女性の地位は変化している。政府が女性を優しく扱おうと言ったからではなく、女性が不足しているからだ。だから、必然的に女性であることの価値は高まっている。

韓国では、妊娠32週以前に赤ちゃんの性別を知ることは禁止されている。男の子か女の子かが早い段階で分かると、困ったことが起きるからだ。非常に多くの韓国人が、生まれる前に女の子だと分かると中絶していた時期がある。韓国で家を継ぐのは男性なので、女の子しかいないと断絶になると考える人が多いからだ。それが問題になったため、政府が禁止した。

しかし実際には産み分けの問題は起きていた。その結果、韓国では女性不足が深刻な問題に発展している。だからこそベトナムやフィリピン、カンボジアの女性と結婚する韓国人男性が目立っているのだろう。アジア全域で女性が非常に不足しており、とりわけインドは女性が足りない。自国では妻が見つからないので、海外に行って花嫁を探そうという人までいる。

このため、今後、アジアにおける女性の地位は今よりもはるかに向上するだろう。女の子の人生は今よりも、ずっと良くなっていく。この流れはすでに起きており、女性であることが幸運だと言われるようになるだろう。

マリファナにも投資チャンスがある

マリファナについては、国によってさまざまなルールが存在する。禁止している国が多い一方、合法化に舵を切るケースもある。

私が住んでいるシンガポールでは、マリファナは厳しく禁じられており、所有していれば刑務所に入ることになる。多くの国で、マリファナは完全に違法だ。

マリファナには中毒性があるとされ、多くの国が法律で禁じているのはなぜなのか。その起源は、100年ほど前にさかのぼる。当時、米国にはウィリアム・ランドルフ・ハーストという新聞王がいた。

彼は新聞を売るために、マリファナの糾弾に力を入れた。「マリファナは悪で恐ろしいものだ」というキャンペーンを打ったのだ。ハーストは、新聞を売るのと同時に林業の権益や製紙工場を所有していた。木材ではなく、大麻からも紙を作ることができるので、産業が大きくなるのは脅威だと考えたのかもしれない。実際に大麻から作られた紙が広く使われていた時代もあった。

ハーストは自分の新聞を売るために必要な産業をすべて押さえていた。そもそもマリファナは「カンナビス」というのが正しい名前だ。しかしハーストはマリファナというスペイン語風の言葉をあえて使うことで、怪しげな雰囲気を広めた。ハーストがマリファナを目の敵にした結果、マリファナは違法にされたのだ。

米国がマリファナを違法にしたため、さまざまな国も追随し、マリファナを違法にした。しかしながらマリファナに害が少ないことは科学的に証明されており、合法化の動きが世界に広がっている。2018年にカナダが合法化に踏み切った。ウルグアイでもすでに合法化されている。米国の周囲の国々はマリファナの合法化に動いている。

お酒を飲むことはあなたの健康にとって悪いことだ。ウイスキーを飲み過ぎるのは危険だということは誰もが知っている。だがマリファナがあなたにとって悪いかどうかは誰にも分からない。

マリファナを吸ったことがなければ、有害かどうかわからないだろう。人々は愚かなことをするが、アルコールはマリファナよりもはるかに危険だ。

しかし、何が危険かどうかを決めるのは世界各国の政府なので、それは重要ではない。100年ほど前に、新聞の報道もあって多くの人がマリファナを恐れるようになったので、それは違法になった。

理由ははっきりしていない。人々は、マリファナは中毒性があり、殺人や強盗につながると言っていたため、それは違法になった。知っての通り、米国では今マリファナが合法になりつつある。

米国では誰もが何らかの方法でマリファナを吸えるようになりつつある。カナダでは完全に合法で、コロンビアでも合法で、タイでも医療用マリファナが合法化された。

世界中でますます多くの人々がマリファナは問題がないことに気付いているため、それは合法化されてきている。他方、日本では「マリファナを吸ってはいけない」と禁止されている。マリファナを吸えば、刑務所に入ることになるが、誰も禁止されている理由が分からない。

コロンビア訪問で得た気づき

私はしばらく前にコロンビアを訪問した。コロンビアは麻薬戦争が起きた国として有名だ。その1つの理由は、マリファナが12時間の日光と12時間の暗闇を好むことが判明したためだろう。コロンビアは赤道上にあり、年間を通じて気温が安定している。そしてマリファナの栽培地として有名なメデリンは気温が一定で降雨もあり、土壌も栽培に適している。

それが、メデリンがマリファナの栽培地になった理由だ。邪悪な人々が多かったからではなく、マリファナの成長に有利な地域だったことが大きい。

何かの偶然で、メデリンはマリファナを栽培するのに最適な場所であることが分かった。このため多くの人がマリファナを育てたので、彼らは麻薬の売人になり、麻薬王が誕生した。

現在、コロンビアでマリファナは合法化されている。私はメデリンに行って、同国の元将軍に会った。彼はこう言った。「私はマリファナの栽培者や売人を刑務所に入れるために人生を過ごしてきた。しかし今、私はその栽培者の一人です」。元将軍は今、マリファナ農家になっている。

マリファナが合法化されたからだ。絶好の機会であり、彼は賢い人物だ。彼はマリファナ事業に参入した。マリファナは一般的な農作物よりもはるかに多くのお金を稼ぐことができる。

彼は軍隊を去り、将軍であることをやめ、今はマリファナを栽培している。なぜならそれは合法であり、ビジネスとして考えるとチャンスが大きいからだ。

マリファナは中毒性がなく、アルコールよりも危険性が低いとされている。私はお酒を飲むと酔っ払ってしまう。だったらマリファナの方がいいかもしれない。アルコールは飲みすぎると健康に良くない。

マリファナには多くの薬効もある。このため、ますます多くの国で合法化されるだろう。ウルグアイ、カナダに加えて、ブラジル、英国、チリ、ドイツ、フランスなど、医療用大麻なら認められている国も多い。米国でも、カリフォルニア州、コロラド州、マサチューセッツ州、ネバダ州、オレゴン州、首都ワシントンDCなど多くの地域で完全に合法化されている。

誕生する巨大なビジネス

これはマリファナに巨大なビジネスチャンスが存在することを意味する。現在、いくつかの酒類メーカーは、すでにマリファナ事業に着手し始めている。カナダでは大手企業も参入している。

「コロナ」ビールで知られる米酒類メーカー大手のコンステレーション・ブランズは、カナダでマリファナを栽培加工する企業の株式を約50億カナダドル（約4200億円）を投じて取得した。カナダの医療用大麻大手のティルレイは、ビール世界最大手であるベルギーのアンハイザー・ブッシュ・インベブと、医療用大麻入り飲料の開発で提携している。

最近はタバコ会社もマリファナに積極的になっている。「マルボロ」などで知られる米タバコ大手のアルトリアは、カナダのマリファナ企業に大規模な投資をしている。タバコは健康に悪いと集中砲火を浴びているので、マリファナ事業に活路を見出そうとしているのだ。

マリファナ関連のスタートアップも次々に株式を上場しており、次の成長業界として期待が高まっている。

カジノとマリファナはどちらが危険なのか。私はギャンブルをしないのでよく分からない。しかしカジノは、胴元が常に儲かるビジネスだ。無料の食べ物と無料のエンターテイメントを備えた大きなホテル施設を運営する費用を誰が払うのか。それはギャンブルをする人たちだ。一時的にはギャンブルで勝っても、勝てばもっと熱中することになるので、それは良くない。もちろん政府にとっては、税金が入ってくるので、カジノは魅力的かもしれない。

米国の多くの州がマリファナを好むのは、カジノと同じように税金収入が期待できるからだ。米国ではかつて禁酒法があり、お酒は違法だった。しかし今は合法であり、政府は酒類に課税することで、多くの収入を得ている。マリファナにも課税することで、政府は多くの収入を得ることができるだろう。

ブロックチェーンがもたらす破壊

「ブロックチェーン」という技術は革命的なものだ。ブロックチェーンは、私たちが知っているすべてのものを変えるだろう。そして人間が仕事を失うことになると多くの人は考える。だが、本当にそうなのか。

コンピューターは多くの人の仕事を奪ったが、同時に新しい機会と新しい仕事を生み出した。プログラマーという職業が生まれ、ソフトウエアという巨大な産業も勃興した。ブロックチェーンにより、数百万人の銀行員が職を失うことになるだろう。多くの銀行は消滅する可能性があり、今後、何が起こるか分からない。

私たちの子供たちは、おそらく大人になった時に銀行に行くことはないだろう。郵便局に行くことも決してないだろう。変化するものがたくさんある。ブロックチェーンは、多くの人を豊かにするのと同時に多くの人から仕事を奪うことになる。

しかし、あなた自身がブロックチェーンとは何であるか理解できない場合は、私の言葉に耳を傾けない方がいい。私自身は、ブロックチェーン技術を使う暗号通貨に投資したことはない。暗号通貨の価格はずっと乱高下を繰り返しているが、すでに消滅したものも少なくない。最終的に、すべての暗号通貨が消えていく可能性すらあると私は思っている。

歴史を振り返るならば、貝殻がお金だった時代もある。自分たちが望むものなら何でもお金にすることができた。今のように各国の中央銀行が印刷するのではなく、20世紀までは、多くの銀行が独自の紙幣を印刷していた。

しかし、金の準備高を超えた銀行券を発行することは、インフレにつながるリスクがある。そこで英国では当時最も重要な銀行であった英イングランド銀行にだけ、銀行券を発行できる独占的な権利が与えられることになった。こうして市中の銀行の紙幣発行権は次第になくなっていき、イングランドとウェールズにおいては、1921年にそのルールが完全に施行されるようになった。

今、暗号通貨を扱っている人たちは、自分たちは政府よりも賢いと思っている。しかし、政府には銃がある。政府が暗号通貨を扱う企業に対して、それを使用することを禁止すると言ったらどうなるのか。そうなることも考えられないわけではない。

暗号通貨の世界では、すべてのお金がコンピューターネットワーク上で保管・管理されている。中国では、中央銀行さえも、デジタル通貨を発行しようとしている。中国ではキャッシュレス化が進み、タクシーを使う際に現金で支払うことさえ難しくなっている。現金は間違いなく、消えていくだろう。

中国政府はデジタル通貨が大好きだ。一人ひとりの国民が何にいくら使っているのかを、すべて把握できるようになる。「電話をかけすぎている」「コーヒーを飲みすぎている」「クラブに行きすぎている」と指摘できるような世界だ。お金を使わずに生活するのは不可能なので、中国政府は人々の行動のすべてを知るようになるだろう。私はそのような社会が好きではないが、中国政府は好みそうだ。

それは、すべてのお金がコンピューター上にある場合に実現できる。しかし、それは政府のデジタル通貨であり、民間の暗号通貨ではない。交換可能であっても、ビットコインなどとは違い、政府のお金だ。暗号通貨を扱う民間企業は、政府のデジタル通貨を使うほかなくなっても、警察力を持つ政府の言うことを聞くしかない。

商品市場に深刻な問題が起きる

私はさまざまな分野で投資の機会を探っている。（原油や鉄、銅、大豆といった）商品については、予見可能な将来において、深刻な問題が起きると予想している。

私は何かチャンスを見つけたら投資する。最近はロシア株を買っている。ロシアの大惨事を見つけたので、私は株を買った。ベネズエラも経済が崩壊しているので、投資できればいいのだが、米国人は投資できない。

しかし現時点では、商品分野で、私は大きな買い物をあまりしていない。私は再び日本のインデックスを買うかもしれない。それは現時点で私の投資先候補のリストに載っている。

農産物については厳しい状況にある。砂糖は史上最高値から80%落ち込んでおり、ほかの農産物も良くない。だから機会があれば、私はおそらく行動するだろう。

もちろん農業そのものは、すでに語ったように可能性が大きい。日本の農業には素晴らしいチャンスがある。ただし、良いアイデアを持っているからといって、実行できなければ意味はない。多くの人は素晴らしいアイデアを持っているが、実現できなかったり、試してみると失敗したりする。従って、良いアイデアを持っているだけでは十分ではなく、それは実行できるものでなくてはならない。

常識とされていることを信じてはならない

最後に改めて強調したいのは、誰もが当たり前と考えている常識は短期間で変化することだ。歴史はそれを証明している。第二次世界大戦、ベルリンの壁の崩壊、中国の急速な経済発展を、事前に予想できた人はほとんどいなかった。

新型コロナウイルスの感染拡大に限らず、世界を驚かせるような危機は突然起きるものだ。そしてグローバルな社会や経済を激変させる。歴史を振り返ると、10～15年ごとに、大きな変化が常に起きている。

くり返しになるが、今、あなたが当たり前と考えている常識は、15年経つと、何もかも間違っている可能性がある。だからこそ、あなたは周囲の人たちが言っていることを、盲目的に信じるべきではない。大多数の人が言っていることが正しいわけではなく、むしろそれが間違っている可能性は大いにある。世間の常識を疑い、自ら情報を収集し、自分の頭で考え、決断できる力を磨くことが、あなたが成功する一番の近道だと私は信じている。

危機はチャンスでもある。さまざまなものが割安になるので、うまく投資できれば、経済の回復に伴い、大きな利益を得ることができる。あなたが日頃から自分の得意分野を磨いており、ほかの人が気づいていないような変化を見つけることができれば、それはまたとない投資の機会となる。

疫病のように変化の兆しを見つけにくい場合もあるが、経済危機については多くの場合、さまざまな予兆を見つけることが可能だ。私はリーマン・ショックのような経済危機が起きることを予見し、繰り返し警告してきた。

だからこそ、危機は繰り返しやってくるという前提に立って、常に備えをしておくことが大事だ。歴史を振り返れば、危機の際に人々がどう考え、どう行動したかについて、さまざまな学びを得ることができる。危機の時の人間の行動には、驚くほど共通点が多いものだ。

今後数年は、私の人生で最悪の相場になる可能性がある。それでも、危機の最中であっても、変化を見極めてチャンスをつかみ、成功した投資家は何人もいる。

あなたが危機を乗り越え、成功したいと願うなら、他人の意見や常識に振り回されてはならない。大きな失敗をしても、環境は必ず変わるので絶望しなくてもいい。あなたが世界と自分自身についてよく学び、危機が起きても目を覚まし続ければ、きっとチャンスは見つかるはずだ。

訳者あとがき

このあとがきを執筆している2020年4月下旬の時点で、世界は新型コロナウイルスの感染拡大に震えている。欧州や米国に加えて、日本を含む多くの国々で、人々は職場や学校に行くことができず、自宅に閉じこもる生活を続けている。いつどこで感染するか分からないウイルスの恐怖は社会を不安に陥れている。

だが、ジム・ロジャーズ氏の言葉を借りると、今は「終わりの始まり」に過ぎない。日々、新型コロナウイルス問題が経済と社会に与える負の影響ばかりがクローズアップされているが、その先にはもっと深刻な経済危機が迫っているからだ。新型コロナウイルスの感染拡大が終わり、楽観的な見方が広がって株価がいったん反転したとしても、世界経済が抱える本質的な問題は解決されない。

2019年からロジャーズ氏は「2008年秋のリーマン・ショックを超える危機が迫っている」と警告してきた。低金利を背景に、世界中の国家、民間企業、家計などのあらゆるセクターで借金が膨れ上がり、リーマン・ショック直前よりも巨額の負債を抱えるようになっていた。そうした中、中国、インド、欧州などで、2019年時点で、経済危機の兆しは見えていたと指摘する。

債務が膨れ上がっていたからこそ、何らかのきっかけで、経済がひとたび逆回転を始めると、リーマン・ショックをはるかに超える〝負のインパクト〟を世界経済に与えかねない。すでに新型コロナウイルスの拡大を受けて、世界各国で失業率が高まり、企業倒産も増えつつある。国家さえも安泰ではない。「コロナ・ショック」以前から借金が増える一方だった新興国を中心に債務不履行（デフォルト）が相次ぐ可能性が懸念されている。最近は債務返済の猶予も取りざたされているが、問題を少し先送りするだけで、抜本的な解決策にはなりえない。

世界各国の政府は、大幅な金融緩和に加えて、ヘリコプターに乗って空からお金をばらまく「ヘリコプターマネー」のような思い切った支援策を打ち出しているが、危機を食い止めるのは難しいだろう。

危機を語るうえで、ロジャーズ氏は最適な人物だ。まず投資家として、1971年のニクソン・ショック、1987年のブラックマンデー、2008年のリーマン・ショックなどを経験している。そしてロジャーズ氏は、このような危機の際の投資で利益を上げてきた。

さらに米イエール大学で歴史学を専攻しており、世界の歴史に関する深い知見がある。本書でくり返し触れているように、古代ギリシャからローマ帝国、中国の宋王朝、大航海時代のスペイン、大英帝国、大恐慌時代の米国に至るまで世界の歴史に詳しい。歴史を俯瞰しつつ、今という時代を切り取る感覚には脱帽するしかない。

さらにロジャーズ氏は「冒険投資家」として世界中を何度も旅して回るなど、自分自身の目で現地を見ることを大事にしている。世界で何が起きているのかを肌感覚で知っていることが、幅広い視野と深い洞察につながっている。

何よりロジャーズ氏の一番の魅力は、社会の常識や多くの人々の意見とは異なる、独自の世界の見方にある。「複眼思考」とも言えるもので、米国人でありながらも、欧米の見方に偏っていない。むしろ中国やロシアが発信する情報も積極的に集めて分析し、自分の経験と歴史観に基づいて、ものごとを考えている。

ロジャーズ氏の主張は、荒唐無稽に聞こえることもあるが、ほかの人とは異なる視点があり、知っておく価値がある。例えば、持論である韓国と北朝鮮が統一される可能性は、多くの日本人にとり信じられないものだろう。

それでもロジャーズ氏は世の中は「15年ですべてが変わる」と本書で繰り返し語っている。1930年の日本人は、日本が米国に戦争をしかけ、1945年に敗戦することを予想できなかったはずだ。ベルリンの壁の崩壊も、中国の驚くべき経済成長も事前に予測できた人は少なかった。その意味で、ロジャーズ氏が語るように、世界に起こりえないことなど決してないのだろう。

世界を瞬く間に変えた新型コロナウイルスもそうだ。感染拡大が始まる前と比べて、世界は激変している。

疫病のように予測できない危機もあるが、ロジャーズ氏が主張するように、過去の歴史から学べることは少なくない。歴史を通じて、危機は繰り返されるものだからだ。過去の危機で何が起きたのかを知ることできれば、今どのように行動すればいいのかが、きっと見えてくるだろう。その時々で危機の中身は違っても、時代を越えて、人間の行動には共通点が多い。

「危機の時代」をどう生きるのか。それこそが本書のテーマである。ロジャーズ氏の言葉は未曾有の危機を乗り越えるために役立つさまざまなヒントに満ちている。投資家でも、経営者でも、一般のビジネスパーソンでも、危機にどう向き合えばいいか今悩んでいることだろう。世界はどうなるのか、自分たちはどう行動すればいいのか、家族をどう守ればいいのか……。先が見えない時代にあって、本書が読者のみなさんが危機を乗り越える力に少しでもなることを心から願っている。

もちろんロジャーズ氏は、他人の言葉をうのみにするのではなく、複眼的な思考力を磨き、自分の頭で考えることが大事だと主張している。危機をチャンスに変えられるかどうかはあなた次第だ。

なおロジャーズ氏の取材は、「日経ビジネス」副編集長の広野彩子氏とシンガポール、インド、日本で実業家として活躍する小里博栄氏、日経ＢＰクロスメディア編集部長の山崎良兵の３人が担当した。

シンガポールでの２日間にわたる十数時間の取材に加えて、広野氏の電話による追加取材、山崎が２０１９年に別途ロジャーズ氏を２回取材した内容などをまとめたものをロジャーズ氏本人が確認して加筆・修正する形で、本書を構成している。

プリンストン大学大学院で公共政策の修士号を取得し、多数の経済学者、経営学者を取材してきた広野氏の豊富な知識と経験は、ロジャーズ氏を取材する際にいかんなく発揮された。また取材協力に加えて、山崎のつたない翻訳を丁寧に監修してくれた小里氏には重ねてお礼を言いたい。ロジャーズ氏との親交を生かして、本書のためにさまざまな有益なアドバイスを与えてくれた。オックスフォード大学を卒業後、ダイソンなどで活躍し、インドで寿司宅配のビジネスを始めたり、インターナショナルスクールの理事長を務めたりした経験を持つ小里氏はまさに複眼的な思考と多くの軸足を持つ国際人だ。

最後に多忙な中、取材のために長い時間を割いてくれたロジャーズ氏に感謝を述べたい。いつも気さくで、長時間の取材でも常にジョークをたやさず、リラックスした雰囲気で話を聞くことができた。シンガポールのロジャーズ邸でご馳走になったランチも格別だった。ロジャーズ氏を何度もインタビューする中で、私自身も世界の見方が変化し、人生に役立つ多くの気づきを得られたと感じている。

2020年4月27日　山崎良兵

参考文献

『冒険投資家 ジム・ロジャーズ 世界大発見』
ジム・ロジャーズ（日本経済新聞出版）

『冒険投資家ジム・ロジャーズ 世界バイク紀行』
ジム・ロジャーズ（日本経済新聞出版）

『ジム・ロジャーズ 中国の時代』
ジム・ロジャーズ（日本経済新聞出版）

『大投資家ジム・ロジャーズが語る商品の時代』
ジム・ロジャーズ（日本経済新聞出版）

『人生と投資で成功するために 娘に贈る13の言葉』
ジム・ロジャーズ（日本経済新聞出版）

『冒険投資家ジム・ロジャーズのストリート・スマート
市場の英知で時代を読み解く』
ジム・ロジャーズ（SBクリエイティブ）

『世界的な大富豪が人生で大切にしてきたこと60』
ジム・ロジャーズ（プレジデント社）

『お金の流れで読む 日本と世界の未来 世界的投資家は予見する』
ジム・ロジャーズ（PHP新書）

『日本への警告　米中朝鮮半島の激変から人とお金の動きを見抜く』
ジム・ロジャーズ（講談社プラスアルファ新書）

ジム・ロジャーズ

Jim Rogers

1942年、米アラバマ州生まれ。米イエール大学(歴史学専攻)卒業後、英オックスフォード大学(哲学・政治学・経済学専攻)を卒業。1973年にジョージ・ソロス氏と共同でクォンタム・ファンドを始め、驚異的なリターンを生み、脚光を浴びる。37歳で引退し、米コロンビア大学で金融論を教えた後に、世界各地を旅行しながら投資する「冒険投資家」に。2007年、一家でシンガポールに移住。現在も投資家として活動を続けており、2008年のリーマン・ショックの到来を予見したことでも知られている。主な著書に『冒険投資家ジム・ロジャーズ 世界バイク紀行』『冒険投資家ジム・ロジャーズ 世界大紀行』(ともに日本経済新聞出版)、『お金の流れで読む 日本と世界の未来』(PHP新書)、『日本への警告』(講談社プラスアルファ新書)がある。

危機の時代
伝説の投資家が語る経済とマネーの未来

2020年5月25日　第一版第一刷発行
2020年6月30日　第一版第五刷発行

著者　ジム・ロジャーズ

発行者　伊藤 暢人
発行　日経BP
発売　日経BPマーケティング
〒105-8308
東京都港区虎ノ門4-3-12
https://business.nikkei.com/
取材　広野 彩子　小里 博栄　山崎 良兵
翻訳　山崎 良兵
翻訳監修　小里 博栄
編集　山崎 良兵
カバーと各章扉の写真　的野 弘路
校正　円水社
装丁・DTP　中川 英祐(トリプルライン)
印刷・製本　大日本印刷株式会社

Printed in Japan
ISBN 978-4-296-10547-2